JN063652

はじめての会計学

（第7版）

日本大学会計学研究室 編

東京 森山書店 発行

執 筆 者 一 覧 (執筆順)

五十嵐邦正	日本大学名誉教授	第1章
壹岐　芳弘	日本大学商学部特任教授	第2章，第3章，第5章，第6章
濱本　　明	日本大学商学部教授	第4章，第7章，第8章
田村八十一	日本大学商学部教授	第9章
村井　秀樹	日本大学商学部教授	第10章
堀江　正之	日本大学商学部教授	第11章
新江　　孝	日本大学商学部教授	第12章1，4
劉　　慕和	日本大学商学部教授	第12章2，3
藤井　　誠	日本大学商学部教授	第13章1，5
平野　嘉秋	日本大学商学部特任教授	第13章2，3，4
村田　英治	日本大学商学部教授	第14章1
林　　健治	日本大学商学部教授	第14章2
青木　　隆	日本大学商学部専任講師	第14章3
吉田　武史	日本大学商学部教授	第14章4
高橋　史安	日本大学商学部特任教授	第15章

第7版の刊行にあたって

　第6版の刊行から3年が経過しました。この3年間で私達の生活、社会が激変しています。まず、新型コロナウイルスの感染拡大は全人類の脅威となり、その結果、私たちの研究・教育環境のみならず、ライフスタイルまで大きく変えました。もう一つは、地球温暖化に伴う企業の脱炭素化への動きです。この2つの変化に対応するため、AIやIoT等のテクノロジーが活用されています。

　本書は、はじめて会計学を学ぶ人のための入門書ですが、同時に上記のことや今後の会計学の進展を考えることができるように工夫し、編集しています。

　今回の第7版の刊行で改正した主な点は、以下の4点です。まず、コーポレートガバナンスに関することです。令和3年6月のコーポレートガバナンス・コードの改正により、プライム市場に上場する企業は、少なくとも3分の1以上の社外取締役を選任することが求められています。第5章の［補論］で述べていますが、令和4年4月に、これまでの4つの証券市場区分から新しく3つの市場区分（プライム、スタンダード、グロース）に再編されました。

　次に、第7章では、収益を契約上の履行義務を充足したときに認識するとした新収益認識基準（5つのステップ）を追加しました。

　さらに、第10章のIFRS導入の課題の箇所では、IFRS財団が国際サステナビリティ基準審議会（ISSB）の設立を立ち上げたことを書いています。この設立目的は、国際的に統一化された気候変動に関する財務情報開示基準を制定することです。

　最後に、第11章では、金融商品取引法に基づいて作成される財務諸表の監査報告書に記載される主な事項を示しました。今日、監査意見の根拠、監査上の主要な検討事項等、さまざまな情報が監査報告書に記載されるようになっています。

ii

　本書は、日本大学商学部だけではなく、全国の多くの大学で採用していただいております。心から感謝を申し上げます。

　今後、より理解しやすいテキストにするため、継続的に努力していきたいと考えております。忌憚のないご意見をお寄せいただければ幸いです。

　　　令和 5 年 2 月　増刷に際して

執 筆 者 一 同

は　し　が　き

　本書は，タイトルのとおり，会計学をはじめて学ぶ人たちを対象としたもの
です。近年，会計に関するニュースがよく報道されるようになってきました。
アメリカで起きたエンロン事件やワールドコム事件などに端を発し，わが国で
もライブドアおよびカネボウの粉飾決算や，村上ファンドの事件などは記憶に
新しいところです。企業の合併や買収（M&A）に関する情報もいろいろ話題
にのぼっております。また，株式や債券の価格，石油価格の推移，為替の変動
といった経済事象は企業の業績に影響を及ぼしますが，それだけではありませ
ん。わたしたちの生活や暮らしにも密接に関連しています。それらは個人の資
産運用や年金問題，さらには物の価格などに大きく影響を及ぼすからです。こ
れらの問題についての理解を深めるためにも，会計を学ぶ意義は大きいといえ
ます。その意味で，今日，会計は私たちのごく身近な問題となってきたといっ
てよいでしょう。

　書店の店頭に足を運びますと，会計に関するコーナーには所狭しと数多くの
書籍が並んでいます。会計に少し関心がある人ですら，どの本を選んだらよい
のか選択に困るくらいです。ただ，その多くは各種資格試験対策用の書物であ
ったり，あるいは企業の専門的な実務書であったりして，意外にも会計学の入
門書に適するものはあまり多くありません。特に商学・経営学系もしくは経済
学系の大学におきましては，会計学の導入はきわめて重要です。これをしっか
り身につけておきませんと，会計に対するアレルギーが発生してしまい，会計
を毛嫌いする傾向が顕著になるからです。

　このような経緯から，はじめて会計学を学ぶ人たちに対して，内容が適切
で，かつ，わかりやすい入門書を刊行することにしました。その企画から章立
て，そして内容にわたり，執筆スタッフ間で十分な検討と調整を加えてありま

す。本書の主な特徴は以下のとおりです。

　第1に，会計学の全般的分野についてできるだけオーソドックスな教科書を目標としました。主たる分野は，基本的に財務会計を中心としています。簿記の仕組みについても理解しておくことが必要と考え，これも含めています。また，上級科目への入門も兼ねて，管理会計（原価計算），財務諸表分析，会計監査，税務会計といった分野も広くカバーしています。

　第2に，本書は14章から構成されており，大学の半期講義に利用しやすいように工夫しました。

　第3に，各章ごとについておおむね1回で学習できるように，各章のページ数も可能な限りバラツキのないように調整してあります。

　第4に，各章のはじめに「本書のポイント」，章末には「復習問題」も用意しました。自学自習用としても十分使えます。また，一層の学習効果を上げるため，重要な用語等については青刷りにしています。

　第5に，将来，会計専門職をめざす人たちに対して，その業務と試験制度の概要についてわかりやすく解説してあります。

　本書のご利用の際に何かお気づきの点があればご指摘いただくとともに，忌憚のないご意見をお寄せ下されば幸いでございます。

　本書が多少なりとも会計学の入門書としてお役に立ち，会計学についてより一層の関心が高まることを，執筆者全員が念願しています。

　本書の刊行にあたって，森山書店の菅田直文・土屋貞敏の両氏にはいろいろアドバイスをいただき，お世話になりました。ここに記して深く感謝いたします。

　　　平成19年1月

　　　　　　　　　　　　　　　　　　　　執 筆 者 一 同

目　　次

第6章　日本の企業会計制度

第7章　損益計算書のしくみ

第8章　貸借対照表のしくみ

第15章　会計専門職のすすめ－公認会計士・税理士の業務と試験制度－

第1章

現代社会と会計の役割

本章のポイント

　本章ではまず，文明，商業活動の活発化および株式会社制度などと関連して発展してきた会計の歴史について学びます。次に，現代の社会において会計がどのような分野から成り立ち，いかなる役割を果たしているのかについて学びます。特に，法律制度と結びついた会計における会計の意義と会計の役割を中心に学習します。

　キー・ワード：複式簿記の生成，口別損益計算，期間損益計算，財務会
　　　　　　　　計，管理会計，制度会計，商法・会社法会計，金融商品
　　　　　　　　取引法会計，税務会計，財産管理，会計責任，投資意思
　　　　　　　　決定

1　会　計　の　歴　史

　会計（accounting）の歴史は，文明および商業活動の活発化と密接な関係にあります。一説によれば，会計はすでにシュメール人を中心としたメソポタミアの時代に発生したといわれます。そこでは記録の方法が確立しており，特に会計に関しては契約および領収書等が備えられていました。ギリシャ・ローマ時代にはさらにその記録方法が発達し，日記帳や収支帳（現金収入と現金支出）に関する記録の仕方などが整備されました。

　12世紀以降にフィレンツェ，ジェノバやヴェネツィアなどのイタリアの都市を中心に商業活動が活発化してきます。特に信用取引の拡大に伴い，商人は取引の規則的な記録と，それに基づく財産管理について大きな関心をもつようになります。ここに簿記の重要性が高まるのです。その結果，その手続として勘定の成立と，一定のルールに即したその記入方法の確立，特に記帳の合理性や迅速性が重視されてきます。これまでのように，単に取引の結果のみを記録する**単式簿記**から，その原因も併せて記録する**複式簿記**による技法が登場してくるのです。このような**複式簿記**は，14世紀の初頭にジェノバ，タンザニ地方，ロンバルディ地方などのイタリアにおいて，商人自身による工夫の結果として発生したといわれております。この複式簿記の生成に大きな役割を果たしたのは，信用取引・組合企業・代理人業務の3つです。1494年にルカ・パチョーリ（Luca Pacioli）が著した『スンマ』（正式な名称は『算術・幾何・比及び比例総覧』(Summa de Arithmetica, Geometria, Proportioni et Proportionalita) です。）は世界で最古の簿記書として特に有名です。

　また，寺院法は資金の貸し付けによる利息の受け取りを禁止していた関係で，12世紀以降には労働力のみを提供する商人（トラクトール（tractator））が，他の者（コンメンダトール（commendator））から提供された貨幣あるいは財貨を利用して商取引を行う商慣行が生まれました。これに伴い，取引の結果として生じる利益の分配ないし損失の負担が重要となってくるのです。このような契約関係は地中海沿岸ではコンメンダ（commenda），ハンザ同盟ではゼンデーフェ（sendeve）とそれぞれよばれ，損益の分配が重要となってきます。このような取り扱う商品ごと，あるいは航海ごとに行われる損益計算を**口別損益計算**といいます。

　その後，1回限りの臨時的取引から継続的な取引へ，また海上取引から陸上取引へとそれぞれ取引の内容が変化してきます。これに伴い，15世紀の後半以降には口別損益計算から，一定期間ごとによる企業の総括的な**期間損益計算**へと発展していくのです。これにより，各期末に帳簿を締め切って損益を計算したり，あるいは財産を計算する仕組みが複式簿記システムのなかに組み込ま

れてきます。このような考え方が今日の複式簿記システムの萌芽となるのです。

17世紀初頭には株式会社という会社形態が現れます。これは，出資者としての株主の有限責任を前提とする制度です。このため，会社の倒産時には株主は出資した金額だけを負担すればよく，それ以外は何ら責任がありません。この会社形態は多数の株主から資金を集めるにはとても都合のよい制度です。一方，会社に資金を貸し出す債権者は，会社の倒産時には貸し付けた資金の返済を受けることができず，不測の損害をこうむる可能性があります。そこで，株主と債権者の利害を調整するために，商法が会計規定を設けるようになります。特に株主に対する配当の支払により，会社の財産が社外に流出します。そこで，債権者を保護するためには，株主への配当を支払っても会社の存続に支障のないように配当の財源を制限し，会社財産を維持しなければなりません。また，株式会社のなかには，業種によっては例えば鉄道会社や鉱山会社のように，多額の資金を必要とする会社もあります。このような会社では，外部から資金を調達するときには会社の財務内容を企業の外部者に対して示すことも重要となってきます。

わが国の江戸時代に中井家や三井家等の帳簿のなかに，わが国特有の複式簿記ともいうべきものがすでに存在していたといわれます。しかし，わが国への複式簿記の導入は明治以降に西洋からの輸入という形でなされました。特に有名なのは，アメリカにおいてブライアント（Bryant, H. B.）・ストラットン（Stratton, H. D.）の共著『一般学校簿記』（Common School Book-Keeping）（1871年）を福沢諭吉が邦訳した『帳合之法』（1873年）と，シャンド（Schand, A. A.）の大蔵省における講述記録の翻訳書『銀行簿記精法』（1873年）です。

このように，会計は簿記を通じて取引の記録による財産の管理および保全，企業の財産計算および損益計算，株主と債権者との利害調整，企業の外部者に対する会計情報の提供などの面を中心に発展してきました。今日では，一般に会計とは，一定期間において企業などの経済単位における財産に関して，その増加と減少の事実と原因を継続的に記録し，その結果として一定期間中に財産

が正味どれだけ増減し，そして，期末にどれだけ存在しているかを明らかにするものです。

2　現代社会と会計

(1)　マクロ会計とミクロ会計

　現代社会において会計はその対象により次の2つに大別されます。1つは一国全体の経済を対象としたものです。これを**マクロ会計**（社会会計あるいは国民経済計算）といいます。ここでは国全体の国民所得，資金の流れ，さらに国の資産および負債などが中心となります。事実上これは経済学の問題であり，会計の技法を通じて用いて明らかにしようというわけです。

　もう1つは個別経済主体を対象としたものです。これを**ミクロ会計**といいます。これには，まず，家計，学校，病院，地方自治体，各種のサークルなどのように，営利を目的としない経済主体の会計領域があります。この非営利会計では，収入および支出の記録を通じてバランスのとれた収支の均衡と，その組織に帰属する財産の管理とが特に重要となります。

　ミクロ会計には，この非営利会計とは対照的に，個人企業をはじめ種々の企業形態のうちで株式会社を典型とする会社で行われる，**営利会計**（企業会計）という領域もあります。そこでは，すでに触れたバランスのとれた収支の均衡というよりは，むしろ財産の合理的管理をより徹底化することが何よりも重要です。つまり，企業財産のむだを省き，企業財産を効率よく，かつ積極的に営利目的に利用することに重点が置かれます。

(2)　財務会計と管理会計

　株式会社を中心とした企業会計は，報告対象により次の2つに区別されます。

　1つは，企業の外部者を対象とした会計です。これを**財務会計**（financial accounting）といいます。企業の外部者には，例えば企業が発行する株式や社債券などの有価証券の売買を行う投資家（investor）や，企業に資金を貸し出す債

権者などがいます。投資家には個人や会社などの一般投資家と，保険会社や銀行，投資顧問会社などのように投資を専門業務とする機関投資家がいます。この財務会計では，企業が外部者に対して公表する財務報告書，すなわち**財務諸表**（financial statements）がそれぞれの投資意思決定に重要な役割を果たします。

もう1つは，企業の内部者を報告対象とする会計です。これを**管理会計**（management accounting, managerial accounting）といいます。企業の経営者や中間管理者がその報告対象です。この管理会計では，設備の投資計画を実施すべきか否か，外部購入すべきか自己生産すべきかといったように，経営者の意思決定に役立つ領域（意思決定会計）と，短期利益計画（予算）や中長期の利益計画を通じて業績管理に役立たせる領域（業績管理会計）とがあります。

(3) 制度会計と非制度会計

財務会計はさらに法律制度と結びついた会計と，法律制度と直接的に関係しない会計とに区別されます。前者を**制度会計**といい，後者を非制度会計といいます。

1) 制 度 会 計

制度会計はさらに商法・会社法会計，金融商品取引法会計および税務会計に細分されます。

① 商法・会社法会計

商法は，商人の会計について一定のルールを定めています。これが**商法会計**です。これには，すべての商人が守るべき商業帳簿に関する規定（商法第19条）と，株式会社を中心とする会社が遵守すべき計算規定（会社法第431条～第465条）とがあります。前者の商業帳簿規定のなかで，商人の会計は一般に公正妥当と認められる会計にしたがうことが要求されます。また，商人は，営業用の財産について正確な商業帳簿（会計帳簿と貸借対照表）の作成が義務づけられています。また，後者の計算規定に関しては，株式会社は計算書類（貸借対照表，損益計算書，株主資本等変動計算書，注記表）および事業報告並びに附属明細書を作成しなければなりません。株主の有限責任を前提とする株式会社に

おいては，すでに触れたように会社財産しか拠り所のない債権者を保護するために，株主の配当に関して剰余金の配当や分配可能額について詳しく規制しています。会社法に関連した具体的な会計規定は「会社計算規則」のなかで定められています。

②　金融商品取引法会計

　昭和23年（1948年）に投資家保護を目的として制定されたのが旧証券取引法です。平成18年6月に投資家保護の範囲を拡大し，その保護の枠組みに関する法整備を行うために，新たに金融商品取引法が制定されました。この金融商品取引法が会計と関連する領域を金融商品取引法会計といいます。投資家にはすでに触れた一般投資家と，機関投資家などのように投資をプロとして行う特定投資家とがいます。このような企業の外部者たる投資家は，自己の投資意思決定を行う際に，企業の財務諸表が重要な判断材料となります。したがって，投資家に対する有用な会計情報の提供が金融商品取引法会計の課題です。ここでは財務情報に関する適正な開示制度またはディスクロージャー制度が重要な役割を果たします。

　証券取引所に上場している有価証券の発行企業は，事業年度ごとに有価証券報告書（これには経済的なグループ企業の全体を対象とした連結財務諸表と，法人格のある企業を対象とした個別財務諸表とがあります。）と，事業年度が3ヶ月を超える企業には四半期報告書（四半期財務諸表）を内閣総理大臣に提出しなければなりません（金融商品取引法第24条・第24条の4の7）。また，有価証券報告書の記載内容が適正であることを示した確認書（金融商品取引法第24条の4の2，第24条の4の8，第24条5の2）と，経営者が内部統制の有効性について評価した内部統制報告書も併せて内閣総理大臣に提出することが要求されます（金融商品取引法第24条4の4）。有価証券報告書及び四半期報告書につきましては，会社と特別の利害関係のない公認会計士または監査法人の監査証明を受ける必要があります（金融商品取引法第193条の2）。

　この金融商品取引法が規定する貸借対照表および損益計算書やその他の財務計算に関する書類については，内閣総理大臣が一般に公正妥当と認められる企

業会計の基準に従って内閣府令で定める用語，様式及び作成方法（正式には
「財務諸表等の用語，様式及び作成方法に関する規則」といい，通常は「財務
諸表等規則」と略称します。）により作成することが義務づけられます。

③　税　務　会　計

　法人企業の所得に対して課せられるのが法人税です。企業はこの課税所得に
一定の税率を乗じた額を納税しなければなりません。これが税務会計の領域で
す。ここでは企業の適正な課税所得の算定が中心課題となります。課税の公平
性の面から，法人税法をはじめとして，そのほかにそれを補完する法人税法施
行令や法人税法取扱通達といった規定があります。

　企業の課税所得は確定した商法上の決算に基づいて算定されます。これを確
定決算主義といいます。つまり，商法上で計上された収益と費用による利益計
算の金額をベースとし，これを税法独自の基準により修正して益金と損金の差
額によって課税所得を算定します。各法人は事業年度末から2ヶ月以内に確定
申告書を提出しなければなりません。

2)　非 制 度 会 計

　これまで述べてきました制度会計と対照的に，制度化されていない会計の領
域もあります。

　例えば物価の変動を考慮した会計，すなわち，物価変動会計がこのなかに含
まれます。物価変動会計には一般物価変動会計と個別物価変動会計とがありま
す。一般物価変動会計は貨幣の購買力を財務報告書のなかに反映させようとす
る会計です。毎年たしかに物価は変動しています。しかし，制度会計ではこの
貨幣価値の変動を無視して，その変動に伴う損益を計上していません。同様
に，各財貨の個別物価もそれぞれ変動しています。しかし，今日の制度会計で
は有価証券などのある特定の価格変動については部分的に考慮していますが，
すべての財貨の価格変動を考慮しているわけではありません。

　企業にとって，物・金・人はどれも大切です。特に人については人材とよば
れるように，企業にとっての重要な財産といえます。ところが，会計では人に
ついては費用として処理しているにすぎません。そこで，人に支出した金額の

うちで，例えば研修費などのように企業の将来に役立つものについては費用ではなくて資産とみなすのが，**人間資産会計**です。これにはその客観的な測定が困難なため，制度化されておりません。

　企業が環境保全に対して行う活動を対象としたのが**環境会計**です。そこでは，環境対策に対するコストとその効果を金額で測定することが重要となってきます。この結果を示したのが環境報告書です。ただ，その測定に対する客観基準を見出すことは必ずしも容易ではなく，主観的となる可能性があります。このため，環境会計はまだ制度化されてはおらず，各企業が独自の基準でそれを測定しています。

　これまで述べてきた企業会計の内容を整理すると，次のようにまとめることができます。

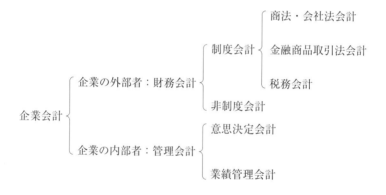

3　会計の役割

　これまで説明したように，会計には主に4つの役割があります。

　1つめは**財産管理機能**です。つまり，取引を正確に帳簿に記録し，それを通じて財産管理を積極的に図ろうというわけです。帳簿に示された財産が実際に存在するかどうか，また財産利用の無駄がないかどうかのチェックが，そこで

は中心となります。

　2つめは，**会計責任**（accountability）機能で，説明責任機能とよばれる場合もあります。委託者としての投資家または株主は自己の資金の運用を受託者としての経営者に任せるのが株式会社の制度です。そこで，経営者にはその資金の運用結果と現状について投資家または株主に報告する義務があります。これが会計責任機能です。

　3つめは，企業の利害関係者に対して**有用な会計情報を提供する**機能です。財務会計の分野では投資家の投資意思決定に対する有用な会計情報は，特にディスクロージャー制度との関連で重要性を帯びていますし，また管理会計の分野でも経営者の意思決定に役立つ会計情報の提供は企業の将来を左右する面で重要となっております。

　4つめは，会計の利害調整機能です。例えば，株主と債権者の間には株主に対する配当規制に関して利害が対立します。一方で株主側ではできる限り株主に対する配当財源を拡大したいと考えますが，他方で債権者側では配当は会社財産の社外流出を伴うため，できるだけそれを抑えたいと考えます。そこで，会計は両者の調整を図り，両者がある程度納得いくような形での配当規制の実現をめざします。最近では経営者と株主との間の利害調整も重要となっております。それは特に経営者の報酬をどの程度にしたらよいのかという点に関連します。さらに，経営者と債権者との間にも利害調整は必要です。企業に債権者が資金を貸し出す場合，債権者は自己の貸付金の返済を確保するために，経営者に対して追加借入れの制限などといった財務上の制限を課すこともあります。また，利害調整は株主間でも生じます。会社の財務内容が悪化し，会社を更生する際には，旧株主と新株主との間にも利害調整が必要となります。ここでも会計は利害調整機能を果たします。

　以上の4点が会計の主な役割といえます。

本章の復習問題

　1　複式簿記が発生した時期及び地域と、その発生要因について説明しなさい。

2　株式会社の会社形態が会計に対してどのような影響を及ぼしたのかについて説明しなさい。

3　マクロ会計とミクロ会計の違いについて説明しなさい。

4　財務会計と管理会計の違いについて説明しなさい。

5　財務会計の報告対象を明らかにし，財務会計の目的について説明しなさい。

6　管理会計の報告対象を明らかにし，管理会計の目的について説明しなさい。

7　制度会計の概要について説明しなさい。

8　商法・会社法会計の内容について説明しなさい。

9　金融商品取引法会計の内容について説明しなさい。

10　会計の4つの役割についてそれぞれ説明しなさい。

第2章

簿記・会計の基礎概念

本章のポイント

　会計における記録面の技術を簿記といいます。簿記の目的は,「財産の管理」と「財務諸表の作成」です。企業で行われている簿記は,複式簿記とよばれます。複式簿記を前提とする簿記・会計の基礎概念には,資産・負債・資本・収益・費用の5つがあります。資産・負債・資本からは,貸借対照表が作成され,収益・費用からは損益計算書が作成されます。この2つの計算書が財務諸表の中心です。

　キー・ワード：財産の管理,財務諸表の作成,複式簿記,資産,負債,資本,貸借対照表,収益,費用,損益計算書,当期純利益

1　簿 記 の 役 割

(1)　財 産 の 管 理

　経済主体には様々な形態がありますが,多くの場合で一定の帳簿が設けられ,継続的に記録（記入）が行われています。この技術を簿記 (bookkeeping) といいます。それでは,なぜ簿記が必要なのでしょうか。簿記の役割とは何でしょうか。この問題を,小遣い帳（現金出納帳）の記入をもとに考えてみましょう。これも,素朴な簿記といえます。

現金出納帳

日	付	摘　　　　要	収　入	支　出	残　高
4	1	前週繰越	26,000		26,000
	〃	食料品代		3,800	22,200
	2	JR定期券購入		6,400	15,800
	〃	昼食代		800	15,000
	3	前月分アルバイト料受取り	28,000		43,000
	4	教科書購入		8,200	34,800
	5	文房具購入		1,600	33,200
	〃	夕食代		900	32,300
	6	昼食代		700	31,600
	〃	CD購入		3,000	28,600
	7	サークル・コンパ代		5,300	23,300
	7	収入・支出の各合計	54,000	30,700	
	〃	次週繰越		23,300	
			54,000	54,000	

　上に示したのは，ある大学生の4月第1週の現金の増加（収入）と減少（支出）を記録したものです。この記録から，まず，この1週間の個々の収入・支出の原因と金額がわかります。また，前週繰越額を含む第1週の現金収入の合計が¥54,000であるのに対して，現金支出の合計が¥30,700であり，したがって，週末の現金残高（次週繰越額）が¥23,300となっていることが概観できます。また，この1週間に現金が¥2,700（＝¥26,000 − ¥23,300）減少したことが読みとれます。このような記録を振り返ることによって，収入が十分であったかどうか，無駄な支出がなかったかどうかなどについて検討することができ，それが現金という財産の減少の抑制などに向けた行動の動機付けになります。このような意味で，簿記は財産の管理という役割を果たすのです。

　財産の管理に関連して，とりわけ重要なのは，簿記を行うことによって，「存在すべき財産の金額」が帳簿上で常に明らかになるということです。現金出納帳の残高欄の金額がそれを示しています。これを「帳簿残高」といいま

す。記入額の誤りや記入漏れがない限り，帳簿残高は「実際に存在する財産の金額」，すなわち，「実際残高」と一致するはずです。しかし，例えば盗難にあうなど財産の管理に何らかの不備があれば，帳簿残高にくらべて実際残高が不足することになります。この不足は，財産の増減の頻度が少なければ人間の記憶の範囲で発見することも可能です。しかし，普通は，簿記記録がなければ発見できません。継続的に簿記を行い，定期的に帳簿残高と実際残高とを照合することが，財産の管理にとってきわめて重要となります。

(2)　財務諸表の作成

　財産の管理のために簿記が行われるということは，すべての簿記に共通に当てはまることですが，その場合の財産は現金に限定されません。経済活動の規模が拡大し，その内容が複雑になると，企業は多くの財産（後述する「資産」だけでなくマイナスの財産としての「負債」も含みます）を保有するようになり，帳簿を設けて記録を行う対象が拡大します。また，それとともに，個々の財産についての記録を統合して，その経済主体全体の状況について把握することが必要になってきます。これは，その経済主体の内部的な管理のためだけではありません。

　特に株式会社形態の企業の場合には，外部に多くの利害関係者が存在し，彼らはその企業全体の状況を表す様々な情報を必要とします。そこで，企業は，そのような情報を作成して，利害関係者に提供することが求められるのです。例えば，株主は，自らが出資している会社の株価の動向や配当能力を判断するために，企業の「経営成績」についての情報を必要としています。この情報を表示するものとして作成されるのが後述する「損益計算書」です。また，企業に融資をしている債権者は，その企業の元本・利息の支払能力を判断するために，企業の「財政状態」に関する情報を要求します。このために作成されるのが「貸借対照表」です。利害関係者の様々な情報要求に対応するために，他にも多くの計算書が作成されますが，それらは**財務諸表**（financial statements）と総称されます。このように，企業は利害関係者への情報提供のために財務諸表を

作成する必要がありますが，それは，詳細な簿記上の記録が整備されて初めて可能となります。簿記は，財産管理という内面的な役割だけではなく，外部報告という社会的な役割も果たしているのです。

2　簿記の分類

(1)　記録方式の違いによる分類

簿記は，記録の方式の違いにより，単式簿記（single entry bookkeeping）と複式簿記（double entry bookkeeping）とに分類されます。

単式簿記は，特定の財産の増減についてその事実だけを記録する簿記です。先ほど示した現金出納帳の記録がその一例です。それに対して，複式簿記は，経済主体がかかわるすべての財産の増減を記録対象とし，しかも，その事実と原因とを別々に記録する簿記といえます。複式簿記の記録の中には，単式簿記の記録が含まれますが，複式簿記固有の記録が追加されます。手続に即していえば，単式簿記では記録対象について記録が1回なされるだけであるのに対して，複式簿記では1つの事象について記録が2回行われます。これについては後に具体的に確認します。

一般に，家計のような小規模な非営利経済主体では単式簿記でも十分ですが，中規模以上の経済主体，特に営利経済主体としての企業においては，複式簿記が必要となります。また，近年では，多くの非営利経済主体においても，次第に複式簿記が採用されるようになっています。

第1章で述べましたが，複式簿記は，イタリアの商人の間で工夫され定着した記録技術であるといわれ，1494年に，ヴェニスの数学者ルカ・パチオリの著書『スンマ（算術・幾何・比および比例総覧）』の中で初めて叙述されました。また，複式簿記が日本に初めて導入されたのは，明治6年（1873年）です。この年に，福沢諭吉訳『帳合之法』（ブライアント・ストラットンの共著『一般学校簿記』の翻訳書）と，海老原済・梅浦精一訳『銀行簿記精法』（シャンドの大蔵省における講述記録の翻訳書）の2つの翻訳書が著され，以後，次

第に西洋の複式簿記が日本に定着するようになりました。

　このように，複式簿記の歴史は日本の場合でもすでに 130 年を経過していますし，世界史的には，文献の上で確認されるだけでも 500 年を超えています。この歴史は，複式簿記の原理・手続の普遍性を証明するものといえるでしょう。会計学を学ぶ場合は，この複式簿記の基本的な知識が必要不可欠となります。

(2)　業種の違いによる分類

　本書では，企業の簿記・会計を学びますが，企業の簿記は，業種の違いにより，サービス業簿記・商業簿記・工業簿記・銀行簿記などに分類されます。簿記を学習する場合の中心は，商業簿記と工業簿記です。

　商業は，ある市場から仕入れた商品を他の市場へ販売する業種ですが，そのような企業活動を記録するのが商業簿記です。工業（製造業）は，ある市場から仕入れた原材料を加工（生産過程に投入）し，完成した製品を他の市場へ販売する業種です。この一連の企業活動を記録するのが工業簿記です。商業にはない生産過程の記録が工業簿記の中心であり，そこでは，製品の製造原価の計算（原価計算）などの複雑な問題が関係してきます。本書では，まず本章において，複雑性のもっとも少ないサービス業を前提として複式簿記の基礎概念を説明します。そして，次章で，商業簿記を前提として複式簿記の手続を説明します。原価計算については，第 13 章で触れることにします。

3　資産・負債・資本

　企業が営業活動を遂行するためには，一般的な意味でいう財産を必要とします。すなわち，現金，銀行預金，商品，備品（椅子・机・パソコン等），車両運搬具（自動車），建物，土地などを通常必要とします。また，得意先に対する売掛金（商品の販売対価の未収額）などの債権をもつのが普通です。企業が保有するこれらの財産の具体的形態を，資産（assets）といいます。

　また，企業は，営業活動に必要な資産を調達するに当って第三者に対して債務（支払義務）を負うことがあります。例えば，銀行から現金を借り入れたり，代金を後日支払う約束で商品を仕入れたりします。いずれの場合にも，企業に資産がもたらされますが，前者の場合には契約上の返済期日に借入金を支払う義務を負い，後者の場合には仕入先からの請求に応じて買掛金（仕入代金の未払額）を支払う債務を負うことになります。借入金や買掛金などの債務を，**負債**（liabilities）といいます。負債は，企業の資産全体のうちの債権者（借入先や仕入先など）に帰属する金額を表わします。そして，企業の資産総額から債権者に帰属する負債総額を差し引いて計算される金額（純資産額）が，企業の所有者に帰属する金額を意味します。簿記では，これを**資本**（capital）といいます。資本の計算式を示せば次のとおりです。

> **資産　－　負債　＝　資本**

　これを**資本等式**といいます。この算式から明らかなように，資本は資産と負債との計算上の差額です。これを実体を有する資産と混同してはなりません。

　例えば，世田谷運送店の平成×1年4月1日の資産・負債の状況が次のとおりであったとします。

資　産：				負　債：		
現　　　　金	¥	200,000		借　入　金	¥	1,200,000
銀 行 預 金	〃	300,000				
車両運搬具	〃	700,000				
建　　　　物	〃	1,000,000				
土　　　　地	〃	2,000,000				
合　　　計	¥	4,200,000		合　　　計	¥	1,200,000

　この場合の資本の金額は，資本等式から次のように計算されます。

　　資産合計¥4,200,000　－　負債合計¥1,200,000　＝　資本¥3,000,000

4　貸借対照表

資本等式の左辺の負債を右辺に移項すれば，次のような算式が成立します。

$$\boxed{資産　＝　負債　＋　資本}$$

　この算式に基づいて作成されるのが貸借対照表（balance sheet；B/S）であり，したがってこの式を**貸借対照表等式**といいます。世田谷運送店の資産・負債・資本の状況を前提にして貸借対照表を作成すれば，次のようになります。

貸借対照表

世田谷運送店　　　　　　平成×1年4月1日

資　産	金　額	負債および資本	金　額
現　　　金	200,000	借　入　金	1,200,000
銀 行 預 金	300,000	資　本　金	3,000,000
車両運搬具	700,000		
建　　　物	1,000,000		
土　　　地	2,000,000		
	4,200,000		4,200,000

貸借対照表の作成の要領は，次のとおりです。

①　まず，企業名と作成年月日を明記します。

②　左側に資産に属す科目およびそれぞれの金額を記入します。

③　右側に上から負債に属す科目および金額を記入し，その下に資本の金額を記入します。なお，資本は「**資本金**」という科目で表記します。株式会社の場合は，資産と負債の差額は，「**純資産**」とよばれ，それが「**株主資本**」その他に区分されます。さらに，「**株主資本**」は複数の科目に細分化されます。当面は最も単純な個人企業を前提にして説明しますので，ここでは資本金のみで表記します。

④　左側および右側とも，金額欄に単線（合計線）をひいて合計額を計算し記入します。なお，合計額は同じ行にそろえて記入するために，上の例のように右側に余白が出る場合には，金額欄の合計線を科目欄に少し延ばし，科目欄の余白に斜線を入れます。このことは，のちに述べる損益計算書や各種の帳簿についても同様です。

⑤　合計額が左右で一致することを確認し，金額欄に複線（締切線）を引いて締め切ります。

　貸借対照表は，このような形式のもとに，一定時点における企業の資産・負債・資本の状態，すなわち，そのような意味での企業の**財政状態**を明らかにする計算書です。そこでは，全体として資産の合計額と負債・資本の合計額とが一致する関係が表わされます。左側の資産の部では，企業が保有している財産の具体的形態の側面からそれぞれの形態ごとの金額およびその総財産額が示されます。他方，右側の負債および資本の部では，その総財産の帰属関係，すなわち，総財産のうちのどれだけが誰に帰属するかの側面から，債権者に帰属する金額（負債）と企業の所有者に帰属する金額（資本）とが示されます。資産の合計額と負債および資本の合計額とは常に均衡（バランス）します。

5　資産・負債・資本の増減と純利益

　営業活動を遂行すると，資産および負債の内容や金額が増減し，両者の差額としての資本の金額も変動します。先ほどの世田谷運送店の設例に期中の営業活動の条件を追加して，この問題について考えてみましょう。

　同運送店は，平成×1年4月1日から平成×2年3月31日までの1年間に，次のような営業活動を行ったとします。

①　得意先の商品を運搬し，運送料¥2,800,000を現金で受け取った。

②　銀行からの借入金¥1,200,000を現金で返済した。

③　銀行に対して利息¥48,000を現金で支払った。

④　車両運搬具の燃料費¥300,000を現金で支払った。

⑤　車両運搬具￥400,000 を購入し，代金は現金で支払った。

⑥　現金￥200,000 を銀行預金に預け入れた。

⑦　銀行から現金￥1,000,000 を借り入れた。

⑧　従業員に給料￥1,500,000 を現金で支払った。

以上の営業活動の結果，資産・負債・資本がどのように増減するかを表に示せば，次のとおりです。

資産・負債・資本の増減

	資　　産					負　債	資　本
	現　金	銀行預金	車両運搬具	建　物	土　地	借入金	資本金
期首	200,000	300,000	700,000	1,000,000	2,000,000	1,200,000	3,000,000
①	+ 2,800,000						+ 2,800,000
②	− 1,200,000					− 1,200,000	
③	− 48,000						− 48,000
④	− 300,000						− 300,000
⑤	− 400,000		+ 400,000				
⑥	− 200,000	+ 200,000					
⑦	+ 1,000,000					+ 1,000,000	
⑧	− 1,500,000						− 1,500,000
期末	352,000	500,000	1,100,000	1,000,000	2,000,000	1,000,000	3,952,000

　この表から明らかなように，世田谷運送店の期末における資産は，現金￥352,000・銀行預金￥500,000・車両運搬具￥1,100,000・建物￥1,000,000・土地￥2,000,000 で，合計￥4,952,000 となります。同様に，負債は借入金のみで￥1,000,000 です。その結果，期末の資本は，￥3,952,000 と計算されます。

　　期末資産￥4,952,000　−　期末負債￥1,000,000　=　期末資本￥3,952,000

　期首資本が￥3,000,000 でしたから，この1年間に￥952,000 だけ資本が増

加したことになります。この設例では，期中に資本自体の直接的増減（企業所有者による追加出資や資本の払戻し）がありませんので，この資本の純増加額はすべて期中の営業活動に起因するものです。このような営業活動による資本の純増加額を，**当期純利益**といいます。この関係を算式で示せば，次のようになります。なお，期末資本が期首資本にくらべて減少した場合には，当期純損失が計算されることになります。

$$期末資本 ¥3,952,000 － 期首資本 ¥3,000,000 ＝ 当期純利益 ¥952,000$$

さて，ここで世田谷運送店の平成×2年3月31日における貸借対照表を作成し，当期純利益をいかに表示するかを示しましょう。

貸借対照表

世田谷運送店　　　　　　　　平成×2年3月31日

資　　産	金　　額	負債および資本	金　　額
現　　　金	352,000	借　入　金	1,000,000
銀行預金	500,000	資　本　金	3,000,000
車両運搬具	1,100,000	当期純利益	952,000
建　　　物	1,000,000		
土　　　地	2,000,000		
	4,952,000		4,952,000

このように，期末貸借対照表では，資本金は期首資本の金額で計上し，当期純利益をそれとは区別して表示します。したがって，この資本金（期首資本）と当期純利益の合計額が期末資本の金額を意味することになります。

6　収益・費用

さて，当期純利益が生ずるには原因があります。その原因は，当期純利益を増加させる原因と減少させる原因の2つに分けて考えることができます。世田谷運送店の設例では，①の運送サービスの提供によって¥2,800,000の資本が

増加しています。また，③の利息の支払いによって¥48,000，④の燃料費の支払いによって¥300,000，⑧の給料の支払いによって¥1,500,000，それぞれ資本が減少しています。これらが企業の営業活動に起因するものであることはいうまでもありません。

　複式簿記では，このような営業活動による資本の増減の原因記録を行います。すなわち，営業活動による資本の増加原因を総称して**収益**（revenue）といいます。同様に，営業活動による資本の減少原因を総称して**費用**（expense）といいます。収益および費用は，それぞれ科目ごとに分けて記録されます。世田谷運送店の①で生じた収益は，運送料収入として記録され，また，③，④，⑧で生じた費用は，それぞれ支払利息，燃料費，給料として記録されます。同店の平成×1年4月1日から平成×2年3月31日までの1年間に発生した収益・費用をまとめてみると次のようになります。

収　　益：		費　　用：	
運送料収入	¥　2,800,000	給　　料	¥　1,500,000
		燃　料　費	〃　　300,000
		支　払　利　息	〃　　　48,000
合　　　計	¥　2,800,000	合　　　計	¥　1,848,000

　このように，収益の総額が¥2,800,000に対して費用の総額が¥1,848,000となりますので，両者の差額として当期純利益が¥952,000と計算されます。

　　収益総額¥2,800,000　−　費用総額¥1,848,000　＝　当期純利益¥952,000

　この当期純利益は，期末貸借対照表において期末資本と期首資本との差額として計算されたものと金額的に一致します。このように，当期純利益は，収益総額から費用総額を差し引くことによっても計算されるのです。この計算は，当期純利益をその増加・減少の原因面から計算するものにほかなりません。

7　損　益　計　算　書

前節で述べた当期純利益の算式を改めて示せば，次のようになります。

> 当期純利益（マイナスの場合は当期純損失）　＝　収益　－　費用

さて，この式は次のように変形されます。

> 費用　＋　当期純利益　＝　収益（または，費用＝収益＋当期純損失）

この算式を基本として作成される計算書が**損益計算書**（profit and loss statement；P/L，または，income statement；I/S）であり，したがって，この算式を**損益計算書等式**といいます。

世田谷運送店の設例に基づいて損益計算書を作成してみましょう。

損益計算書

世田谷運送店　　自 平成×1年4月1日　至 平成×2年3月31日

費　用	金　額	収　益	金　額
給　料	1,500,000	運送料収入	2,800,000
燃 料 費	300,000		
支 払 利 息	48,000		
当期純利益	952,000		
	2,800,000		2,800,000

損益計算書の作成の要領は，次のとおりです。

① まず，企業名と会計期間を明記します。

② 左側に費用に属す科目およびそれぞれの金額を記入します。

③ 右側に収益に属す科目および金額を記入します。

④ 収益の合計額および費用の合計額，さらに両者の差額（当期純利益または当期純損失）を計算し，当期純利益の場合には，費用の下にその旨およ

びその金額を記入します。当期純損失の場合には，収益の下にその旨およびその金額を記入します。

⑤　左側および右側とも，金額欄に単線（合計線）をひいて合計額を計算し記入します。

⑥　合計額が左右で一致することを確認し，金額欄に複線（締切線）を引いて締め切ります。

損益計算書は，このような形式のもとに一定期間において発生した収益・費用を対照表示し，その差額として当期純利益（または当期純損失）を計算するものです。損益計算書は，このような意味で，企業の一定期間に関する経営成績を明らかにする計算書です。

8　当期純利益の二面的計算

以上述べてきたように，複式簿記における当期純利益の計算には2つの方法があります。ここで，それについて再確認してみましょう。

まず，期末貸借対照表に関連して，当期純利益（または当期純損失）は次のように計算されます。

> 期末資本　－　期首資本　＝　当期純利益（または当期純損失）

この計算方法を，資本比較法（または財産法）といいます。この方法は，貸借対照表におけるストック（存在量）としての資本の金額を期首・期末の二時点間で比較し，期中の営業活動によって発生した資本の純増加額（純減少額）を当期純利益（当期純損失）と計算するものです。資本比較法のもとでは，一定期間の営業活動の結果，当期純利益または当期純損失がどのような金額で生じたかが示されるだけであり，その原因は明らかにされません。

そこで別に考えられるのが，損益計算書における次のような計算です。

> 収益 － 費用 ＝ 当期純利益（または当期純損失）

　この計算方法を，**収益費用比較法**（または**損益法**）といいます。この方法は，一定期間に発生した収益の総額から同じ期間に発生した費用の総額を差し引いて当期純利益（または当期純損失）を計算するものです。収益とは営業活動による資本の増加原因を表わすフロー（運動量）の概念であり，同様に費用とは営業活動による資本の減少原因を表わすフローの概念です。収益費用比較法は，このような2つの相対立する原因ないしフローの比較によって，営業活動による資本の純増加額（純減少額）としての当期純利益（当期純損失）を計算するものです。企業の経営成績を評価・分析する場合には，この収益費用比較法の計算およびそれに基づく損益計算書が必要不可欠となります。

　複式簿記では，以上のような2つの方法にしたがって，当期純利益が二面的に計算されます。そして，この2つの方法の計算結果は必ず一致します。

　なお，ここで，資本比較法について補足します。先ほどまで，資本比較法とは，期末資本から期首資本を差し引いて当期純利益を計算する方法であると説明してきました。しかし，実はその説明は厳密ではありません。期中において，資本それ自体が直接増減する可能性があるからです。すなわち，企業の所有者から企業に追加出資がなされたり，また反対に，企業の所有者に資本の払い戻しがなされた場合には，企業の資産とともに資本が直接的に増減します。そのような場合に先ほどの資本比較法の算式を文字通りに適用しますと，資本自体の増減が当期純利益の増減要素に含まれてしまうことになります。当期純利益は営業活動による資本の純増加額ですから，資本自体の増減額は当期純利益の計算から排除しなければなりません。そこで，資本自体の直接的増減がある場合の資本比較法の算式を一般的に示せば，次のようになります。

> 期末資本 － （期首資本＋追加出資－払戻し） ＝ 当期純利益
> 　　　　　　　　　　　　　　　　　　　　　　（または当期純損失）

　期首資本に資本の追加出資と払戻しを加減した金額を「元入資本」といいます。したがって，本来の資本比較法では，期末資本から「元入資本」を差し引いて当期純利益を計算することになります。

本章の復習問題

1　簿記の役割について述べなさい。

2　資産と資本の違いについて述べなさい。

3　貸借対照表が表示する内容について述べなさい。

4　損益計算書が表示する内容について述べなさい。

5　当期純利益の2つの計算方法について述べなさい。

6　次の表の空欄a～hに当てはまる金額を計算しなさい。なお，期中に追加出資や払戻しはなかったものとします。また，△印は純損失を意味します。（ヒント：期末資本を計算すること）

期末資産	期末負債	期首資本	総収益	総費用	純損益
2,000,000	(a)	850,000	2,400,000	(b)	200,000
3,500,000	1,950,000	(c)	(d)	1,840,000	280,000
(e)	2,360,000	1,210,000	3,340,000	(f)	670,000
4,870,000	3,120,000	(g)	(h)	2,350,000	△550,000

［解答］

(a)　950,000　　(b) 2,200,000　　(c) 1,270,000　　(d) 2,120,000

(e) 4,240,000　　(f) 2,670,000　　(g) 2,300,000　　(h) 1,800,000

第3章

複式簿記の基本的手続

本章のポイント

　経済主体の経済活動を帳簿に記入する技術を「簿記」といいます。企業では「複式簿記」とよばれる記録技術が用いられています。本章では，「複式簿記」の記入原則，基本的手続（仕訳と転記）および帳簿の種類を中心に学びます。

　キー・ワード：取引，勘定，貸借記入原則，仕訳，転記，貸借平均の原理，試算表，主要簿，補助簿

1　勘定の形式

　簿記上の記録は，資産・負債・資本の金額を増減させる経済事象が生じた場合に行われます。このような簿記上の記録の対象となる事柄を取引（transaction）といいます。収益および費用が発生する場合は，それに伴って具体的に資産や負債が変化し結果的に資本が増減しますので，それらももちろん取引となります。

　ただし，簿記上の取引は，通俗的な意味での取引と必ずしも同じ概念ではありません。例えば，土地や建物の賃貸借契約を結んだり商品の注文を受けたりした場合には，通俗的には取引をしたといいますが，それだけでは資産・負債・資本に増減は生じませんので，簿記上，それらは取引とはみなされず，記

録も行われません（商品の受注については，得意先・商品名・数量・単価などの記録が必要ですが，その記録はこれから述べる簿記固有の記録とは異なります）。また，反対に，火災により建物を焼失したり，盗難にあって現金を盗まれたりした場合には，通俗的には取引が生じたとはいいません。しかし，これらの場合には，建物や現金という資産が明らかに減少しますので，記録を行う必要があります。したがって，簿記上，これらの事象は取引といわれます。

　取引が生ずると，資産・負債・資本の増減や収益・費用の発生の記録がなされますが，その記録は，資産・負債・資本・収益・費用の各要素をさらに細分化した単位に分けて行われます。このような簿記上の記録・計算の単位を**勘定**（account；a/c）といいます。各勘定には，それぞれ名称がつけられていて，この名称を**勘定科目**といいます。

　勘定の基本的な分類体系を示せば，次のとおりです。

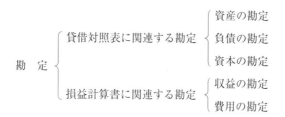

　また，資産・負債・資本・収益・費用の各勘定に属す主な勘定科目を例示しましょう。

　資産の勘定：現金，当座預金，普通預金，売掛金，受取手形，有価証券，繰
　　　　　　　越商品（または商品），備品，車両運搬具，建物，土地
　　　　　　　などの諸勘定
　負債の勘定：買掛金，支払手形，借入金　などの諸勘定
　資本の勘定：資本金，資本準備金，利益準備金　などの諸勘定
　収益の勘定：売上，受取手数料，運送料収入，受取利息，有価証券売却益，
　　　　　　　有価証券評価益　などの諸勘定

費用の勘定：仕入（または売上原価），給料，広告宣伝費，保険料，支払利
　　　　　　息，有価証券売却損，有価証券評価損，減価償却費　などの諸
　　　　　　勘定

　さて，取引が生ずると，該当する勘定に実際の記録がなされますが，その記
録を行う場所を**勘定口座**といいます。この形式には，次の2つがあります。

〈標準式〉　　　　　　　　　　　　○○勘定

日付	摘　要	仕丁	借　方	日付	摘　要	仕丁	貸　方

〈残高式〉　　　　　　　　　　　　○○勘定

日付	摘　要	仕丁	借　方	貸方	借または貸	残　高

　標準式は，中央で2分され左右対照形式となっています。左側・右側とも
に，日付，摘要，仕丁，金額の4欄からなっています。また，左側の金額欄は
借方，右側のそれは貸方と表記されています。摘要欄と仕丁欄に何を記入する
かはのちに説明します。これに対して，**残高式**は，日付，摘要，仕丁の3欄が
1つずつ，金額欄が借方・貸方・残高の3つ設けられています。残高欄には，
記入の都度，残高（借方記入合計と貸方記入合計の差額）が記入されます。さ
らに，「借または貸」欄がありますが，ここには残高が借方と貸方のどちらに
あるかを記入します。

　この2つの形式は本質的には同一であり，特に増加および減少の金額を別々

に集計できるように，金額欄が借方・貸方の2つ設けられている点が共通します。ただ，残高式の方がその時々の残高を明示する残高欄があるので便利です。このため，実務では，残高式が用いられています。しかし，学習上は，標準式，しかもそれを簡略化した次のような形式（これをTフォームといいます）を用いるのが一般的です。

○　○　勘　定

左側の金額欄が借方（カリカタ），右側の金額欄が貸方（カシカタ）と表記されることは先ほど述べました。一般には金額欄のみならず左側全体・右側全体がそれぞれ借方・貸方とよばれています。しかも，この言葉は，勘定についてだけでなく種々の計算書についても左側・右側を意味するものとして用いられています。その端的な例が貸借対照表という名称です。すでに述べたように，貸借対照表では，資産の合計額と負債および資本の合計額とが一致する関係が，左側（借方）と右側（貸方）とで対照表示されました。貸借対照表という名称のいわれはここにあったのです。英語では，借方をdebitまたはdebtor（Dr.），貸方をcreditまたはcreditor（Cr.）といいます。この言葉は，もともとは金融を営む企業において金銭の貸借を記録する際にそれなりに意味をもった言葉として使われたものでしたが，今日においては単に左側・右側という意味の呼称にすぎません。「借りる」「貸す」という意味にとらえないように留意する必要があります。

2　貸借記入原則

さて，取引が生じた場合に，勘定の借方に記入するか貸方に記入するかは，勘定の種類によって異なります。記入原則は，次のとおりです。

① 資産の勘定は，増加を借方に，減少を貸方に記入します。

② 負債の勘定は，増加を貸方に，減少を借方に記入します。

③ 資本の勘定は，増加を貸方に，減少を借方に記入します。

④ 収益の勘定は，増加（発生）を貸方に記入します（貸方に記入した金額の一部または全部を取り消す場合には借方に記入します）。

⑤ 費用の勘定は，増加（発生）を借方に記入します（借方に記入した金額の一部または全部を取り消す場合には貸方に記入します）。

以上をＴフォームによって示せば，次のようになります。

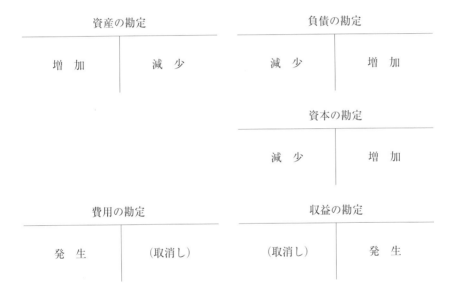

　このような記入原則を**貸借記入原則**といいます。貸借記入原則は，資産・負債・資本および収益・費用が貸借対照表および損益計算書に記載される位置と整合的に決められています。貸借対照表において，資産は左側に記載されました。したがって，資産の増加は同じ左側すなわち借方に記入されます。他方，貸借対照表において負債と資本は右側に記載されました。したがって，負債と資本の増加は同じ右側すなわち貸方に記入されます。そして，それぞれの減少

は増加とは反対側に記入されます。また，損益計算書において，収益は右側，費用は左側にそれぞれ記載されました。したがって，収益の発生は貸方，費用の発生は借方にそれぞれ記入されます。そして，それぞれの取消は発生とは反対側に記入されます。

　複式簿記では，取引が生ずると，上に示した勘定の貸借記入原則にしたがって，必ずある勘定の借方にある金額を記入すると同時に，他の勘定の貸方に同じ金額を記入します。すなわち，「複式」に記入を行います。「複式簿記」という用語の由来はここにあります。借方記入要素と貸方記入要素の結び付きの関係をまとめると，次のようになります。

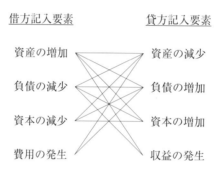

　資本の減少と収益の発生，費用の発生と資本の増加，費用の発生と収益の発生の間の3つの線は引かれていません。これらの線がつながるような取引はないと考えてください。

3　仕　　訳

　取引が生ずると，貸借記入原則にしたがって該当する勘定に記入を行うことになりますが，その前に仕訳（journalizing）という手続を行います。仕訳とは，どの勘定の借方とどの勘定の貸方にそれぞれいくらの金額を記入するかを決定する手続であり，簿記上の一連の記録手続の中で最初に行われる手続です。具

体的な取引をもとにして仕訳の考え方と手続を示しましょう。なお，ここでは，日付の代わりに取引の番号を用います。なお，以下の取引では「掛け」という表現が出てきますが，それは代金の決済を後日にするという意味です。

① 現金¥1,000,000 の出資を受け，大蔵商店を設立した。

考え方：$\begin{cases} 現　金という\underline{資産の増加}¥1,000,000 → 借方に記入 \\ 資本金という\underline{資本の増加}¥1,000,000 → 貸方に記入 \end{cases}$

仕　訳：(借) 現　金　　1,000,000　　(貸) 資本金　　1,000,000

② 車両運搬具（自動車）¥800,000 を購入し，代金は現金で支払った。

考え方：$\begin{cases} 車両運搬具という\underline{資産の増加}¥800,000 → 借方に記入 \\ 現　　　金という\underline{資産の減少}¥800,000 → 貸方に記入 \end{cases}$

仕　訳：(借) 車両運搬具　800,000　　(貸) 現　金　　　800,000

③ 成城広告代理店に広告宣伝費として現金¥50,000 を支払った。

考え方：$\begin{cases} 広告宣伝費という\underline{費用の発生}¥50,000 → 借方に記入 \\ 現　　　金という\underline{資産の減少}¥50,000 → 貸方に記入 \end{cases}$

仕　訳：(借) 広告宣伝費　50,000　　(貸) 現　金　　　50,000

④ 新宿銀行から現金¥850,000 を借り入れた。

考え方：$\begin{cases} 現　金という\underline{資産の増加}¥850,000 → 借方に記入 \\ 借入金という\underline{負債の増加}¥850,000 → 貸方に記入 \end{cases}$

仕　訳：(借) 現　金　　　850,000　　(貸) 借入金　　　850,000

⑤ 三鷹商店からA商品¥700,000 を仕入れ，代金は掛けとした。

考え方：$\begin{cases} 仕　入という\underline{費用の発生}*¥700,000 → 借方に記入 \\ 買掛金という\underline{負債の増加}　¥700,000 → 貸方に記入 \end{cases}$

仕　訳：(借) 仕　入　　　700,000　　(貸) 買掛金　　　700,000

* この取引を資産の増加として考え，商品勘定という資産の勘定の借方に記録する方法もありますが，ここでは費用の発生と考え，仕入勘定という費用の勘定に記録する方法によっています。これは，3分法（商品に関する取引を仕入・売上・繰越商品の3勘定で処理する方法）とよばれるもっとも一般的な方法です。ただし，この方法の場合には，期中に販売されず期末に資産として在庫されている商品の金額に関して，期末に仕入勘定から差し引き，繰越商品勘定という資産の勘定に振り替える手続が必要になります。これは，次章で述べる決算整理手続の1つです。

⑥ ⑤で仕入れたA商品の原価¥320,000分を狛江商店に¥500,000で売り上げ，代金は掛けとした。

考え方：
- 売掛金という資産の増加¥500,000 → 借方に記入
- 売　上という収益の発生¥500,000 → 貸方に記入

仕　訳：（借）売掛金　500,000 （貸）売　上　500,000

⑦ ⑤で仕入れたA商品の原価¥380,000分を千歳商店に¥580,000で売り上げ，代金は掛けとした。

考え方：⑥と同様

仕　訳：（借）売掛金　580,000 （貸）売　上　580,000

⑧ 狛江商店に対する売掛金のうち¥300,000を現金で回収した。

考え方：
- 現　金という資産の増加¥300,000 → 借方に記入
- 売掛金という資産の減少¥300,000 → 貸方に記入

仕　訳：（借）現　金　300,000 （貸）売掛金　300,000

⑨ 調布商店からB商品¥800,000を仕入れ，代金のうち¥200,000は現金で支払い，残額は掛けとした。

考え方：
- 仕　入という費用の発生¥800,000 → 借方に記入
- 現　金という資産の減少¥200,000 → 貸方に記入
- 買掛金という負債の増加¥600,000 → 貸方に記入

仕 訳：(借) 仕 入　800,000　　(貸) 現　金　200,000
　　　　　　　　　　　　　　　　　　買掛金　600,000

　仕訳では常に借方・貸方が1科目ずつになるとは限りません。どちらか，または，双方の科目が複数になる場合もあります。

⑩　三鷹商店に対する買掛金のうち¥400,000を現金で支払った。

考え方：{ 買掛金という負債の減少¥400,000　→　借方に記入
　　　　 現　金という資産の減少¥400,000　→　貸方に記入

仕　訳：(借) 買掛金　400,000　　(貸) 現　金　400,000

⑪　短期の売買目的で株式¥100,000を購入し，代金は現金で支払った。

考え方：{ 有価証券という資産の増加¥100,000　→　借方に記入
　　　　 現　金という資産の減少¥100,000　→　貸方に記入

仕　訳：(借) 有価証券　100,000　　(貸) 現　金　100,000

⑫　顧客の仲介斡旋によって府中商店から手数料として現金¥120,000を受け取った。

考え方：{ 現　金という資産の増加¥120,000　→　借方に記入
　　　　 受取手数料という収益の発生¥120,000　→　貸方に記入

仕　訳：(借) 現　金　120,000　　(貸) 受取手数料　120,000

⑬　千歳商店に対する売掛金のうち¥400,000を現金で回収した。

考え方：⑧と同様

仕　訳：(借) 現　金　400,000　　(貸) 売掛金　400,000

⑭　⑨で仕入れたB商品のうちの原価¥500,000分を千歳商店に¥660,000で売り上げ，代金のうち¥100,000は現金で受け取り，残額は掛けとした。

考え方：
{
現　金という<u>資産の増加</u>¥100,000　→　借方に記入
売掛金という<u>資産の増加</u>¥560,000　→　借方に記入
売　上という<u>収益の発生</u>¥660,000　→　貸方に記入
}

仕　訳：（借）現　金　　　100,000　（貸）売　上　　　660,000

　　　　　　　売掛金　　　560,000

⑮　従業員に対して給料¥320,000 を現金で支払った。

考え方：
{
給　料という<u>費用の発生</u>¥320,000　→　借方に記入
現　金という<u>資産の減少</u>¥320,000　→　貸方に記入
}

仕　訳：（借）給　料　　　320,000　　　（貸）現　金　　　320,000

　以上のように，仕訳とは，取引ごとに，借方科目と金額，貸方科目と金額を左右に振り分けて整理する記録手続であり，左右で金額は必ず一致します。仕訳は，取引の歴史的な記録であり，仕訳帳という帳簿に記録されます。仕訳帳の形式と正式な記入法についてはのちに述べることにします。

4　転　　　記

　仕訳の次に行う手続が転記（posting）です。転記とは，仕訳のとおりに該当する勘定に日付や金額などを書き移す手続です。Tフォームの勘定口座を前提にして転記の要領をまとめれば，以下のとおりです。

①　仕訳における借方勘定の借方に，日付と金額を記入します。その間のスペース（摘要欄）には，仕訳における反対側の勘定科目（相手勘定科目）を記入します。相手勘定科目が複数ある場合には，「諸口(ショクチ)」と記入します。

②　仕訳における貸方勘定の貸方に，日付と金額を記入します。その間のスペース（摘要欄）には，仕訳における相手勘定科目を記入します。それが複数ある場合には，「諸口」と記入します。

　前節で行った仕訳の転記結果を示しましょう。正式な勘定口座への転記の仕方についてはのちにみることにして，まずは，Tフォームへの略式の転記を示

します。なお，各勘定の右肩の数字は，各勘定が開設されている元帳という帳簿における該当ページ数を意味しています。これについてものちに説明します。

現 金				1
① 資本金	1,000,000	② 車両運搬具	800,000
④ 借入金	850,000	③ 広告宣伝費	50,000
⑧ 売掛金	300,000	⑨ 仕 入	200,000
⑫ 受取手数料	120,000	⑩ 買掛金	400,000
⑬ 売掛金	400,000	⑪ 有価証券	100,000
⑭ 売 上	100,000	⑮ 給 料	320,000

売 掛 金				2
⑥ 売上	500,000	⑧ 現金	300,000
⑦ 〃	580,000	⑬ 〃	400,000
⑭ 〃	560,000		

有価証券		3
⑪ 現 金	100,000	

車両運搬具		4
② 現 金	800,000	

買 掛 金				5
⑩ 現 金	400,000	⑤ 仕 入	700,000
		⑨ 〃	600,000

借 入 金		6
	④ 現 金	850,000

資 本 金		7
	① 現 金	1,000,000

売 上		8
	⑥ 売掛金	500,000
	⑦ 〃	580,000
	⑭ 諸 口	660,000

受取手数料		9
	⑫ 現 金	120,000

仕 入		10
⑤ 買掛金	700,000	
⑨ 諸 口	800,000	

広告宣伝費		11
③ 現 金	50,000	

給 料		12
⑮ 現 金	320,000	

5　試算表と貸借平均の原理

　個々の仕訳において借方金額と貸方金額は常に同額となります。したがって，転記に誤りがない限り，すべての勘定の借方記入合計額と貸方記入合計額は必ず等しくなります。これを**貸借平均の原理**といいます。この原理を利用して勘定記録の正確性を検証するために作成される表を，**試算表**（trial balance）といいます。試算表は，期末には必ず作成する必要がありますが，期中においても可能な限り定期的に作成して，勘定記録の誤謬の発見に努めることが望まれます。

　試算表には，基本的に**合計試算表**と**残高試算表**との2種類がありますが，さらに，両者を1つにまとめたものとして**合計残高試算表**があります。

　合計試算表は，すべての勘定について試算表作成日までの借方記入合計額と貸方記入合計額を集計し，借方総合計額と貸方総合計額が一致するかどうかにより勘定記録の正確性を検証するものです。両金額が一致しない場合には，勘定記録に必ず誤りがありますので，これを調べて記録の訂正をしなければなりません。

　残高試算表は，試算表作成日におけるすべての勘定残高を集計し，借方残高の合計額と貸方残高の合計額とが一致するかどうかにより，勘定記録の正確性を検証しようとするものです。残高試算表における借方残高の合計額と貸方残高の合計額は，合計試算表の借方・貸方の各総合計額から同一金額（各勘定ごとの借方・貸方の各合計額のうちの少ない方の金額の合計額）を差し引いたものですから，両者は必ず一致します。これも貸借平均の原理に基づくものです。

　前節の勘定記録をもとにして，合計残高試算表を作成してみましょう。作成日は平成×年3月31日とします。なお，元丁欄には，元帳において各勘定が設けられているページ数を記入します。総合計額・残高合計額がそれぞれ左右で一致することを確認してください。

合計残高試算表
平成×年 3 月 31 日

借　　方		元丁	勘定科目	貸　　方	
残　高	合　計			合　計	残　高
900,000	2,770,000	1	現　　金	1,870,000	
940,000	1,640,000	2	売 掛 金	700,000	
100,000	100,000	3	有 価 証 券		
800,000	800,000	4	車両運搬具		
	400,000	5	買 掛 金	1,300,000	900,000
		6	借 入 金	850,000	850,000
		7	資 本 金	1,000,000	1,000,000
		8	売　　上	1,740,000	1,740,000
		9	受取手数料	120,000	120,000
1,500,000	1,500,000	10	仕　　入		
50,000	50,000	11	広告宣伝費		
320,000	320,000	12	給　　料		
4,610,000	7,580,000			7,580,000	4,610,000

6　主要簿と補助簿

　複式簿記の日常的な手続は，取引を仕訳し，それを該当する勘定に転記するという作業の繰返しです。仕訳をする帳簿を仕訳帳（journal）といい，転記がなされる諸勘定を収容する帳簿を元帳（ledger）といいます。これらは，複式簿記の機構上欠くことのできない帳簿であるため，主要簿（main books）とよばれます。仕訳帳の形式と記入の仕方（ただし①から③までの仕訳）を示しましょう。なお，右肩の数字は，この帳簿のページ数を意味しています。

仕　訳　帳 1

日付	摘　　　要	元丁	借　　方	貸　　方
①	（現　　金）	1	1,000,000	
	（資　本　金）	7		1,000,000
	開業			
②	（車両運搬具）	4	800,000	
	（現　　　金）	1		800,000
	営業用の自動車を購入			
③	（広告宣伝費）	11	50,000	
	（現　　　金）	1		50,000
	広告代理店へ支払い			

　元丁欄に記入されている数字は，勘定への転記を元帳の何ページに行ったかを示すものです。この欄は，転記が済んでいるかどうかを確認する場合や，仕訳帳と元帳との記録を相互に照合する場合に役立ちます。

　摘要欄には，勘定科目を記入すると同時に，取引の内容を簡潔に書きます。これを「小書き」といいます。また，摘要欄には，仕切線（単線）を引いて，次の仕訳と区別します。

　ここで，元帳における正式な勘定口座への記入の仕方についても確認しましょう。勘定口座の形式に標準式と残高式の2つがあることは前に述べました。本章の売掛金勘定を例にして，それぞれへの記入を示します。

〈標準式〉 <div style="text-align:center">売　掛　金</div> 2

日付	摘　要	仕丁	借　　方	日付	摘　要	仕丁	貸　　方
⑥	売　　上	1	500,000	⑧	現　　金	1	300,000
⑦	〃	〃	580,000	⑬	〃	〃	400,000
⑭	〃	〃	560,000				

〈残高式〉　　　　　　　　　　　売　掛　金　　　　　　　　　　　2

日付	摘　要	仕丁	借　方	貸　方	借または貸	残　高
⑥	売　上	1	500,000		借	500,000
⑦	〃	〃	580,000		〃	1,080,000
⑧	現　金	〃		300,000	〃	780,000
⑬	〃	〃		400,000	〃	380,000
⑭	売　上	〃	560,000		〃	940,000

　仕丁欄に記入されている数字は，勘定への転記が仕訳帳の何ページからなされたかを示すものです。

　簿記では，以上のような主要簿以外にも必要に応じて種々の帳簿が設けられます。例えば，上に示した売掛金勘定では，売掛金全体の増減が記録されていますが，財産管理上は，得意先ごとの売掛金の増減を記録する帳簿が必要となります。この帳簿を売掛金元帳（または得意先元帳）といいます。次に，標準式を前提として売掛金元帳の記入を示します（右肩の数字は同元帳におけるページ数を意味します）。

売掛金元帳

狛江商店　　　　　　　　　　　　　　　　　　　1

日付	摘　要	仕丁	借　方	日付	摘　要	仕丁	貸　方
⑥	売　上	1	500,000	⑧	現　金	1	300,000

千歳商店　　　　　　　　　　　　　　2

日付	摘　要	仕丁	借　方	日付	摘　要	仕丁	貸　方
⑦	売　上	1	580,000	⑬	現　金	1	400,000
⑭	〃	〃	560,000				

　同様に，買掛金の管理のために，仕入先ごとの買掛金の増減を記録する帳簿を設ける必要があります。その帳簿を，買掛金元帳（または仕入先元帳）といいます。ほかにも，財産の管理のために，仕入取引の明細を記録する仕入帳，売上取引の明細を記録する売上帳，商品の種類ごとにその入庫・出庫・在庫の数量・単価（1個当り原価）・金額を記録する商品有高帳などの帳簿が設けられます。このような帳簿を総称して，**補助簿**（subsidiary books）といいます。前章の冒頭に示した現金出納帳は，現金の増減取引の明細を記録する補助簿にほかなりません。企業全体の財務諸表は，主要簿に基づいて作成し，財産の管理は，補助簿に基づいて行うと考えればよいでしょう。

本章の復習問題

1　勘定の基本的な分類体系について述べなさい。
2　貸借記入原則について述べなさい。
3　仕訳とはどのような手続きか述べなさい。
4　転記とはどのような手続きか述べなさい。
5　現金¥500,000と土地¥3,000,000の出資を受けて企業を設立した場合の仕訳と該当する勘定への転記を示しなさい。
6　貸借平均の原理と試算表について述べなさい。
7　主要簿と補助簿について述べなさい。

第4章

財務諸表の作成 −決算の手続−

本章のポイント

　継続する企業活動の一定期間を一区切りにして，いったん帳簿を締め切り，財務諸表を作成する手続が決算です。本章では，決算における基本的な手続の内容について学びます。

　キー・ワード：決算整理，売上原価，減価償却，定額法，定率法，棚卸表，損益勘定，繰越利益剰余金勘定，残高勘定

1　決算の意義と手順

　企業活動は永続的ですが，通常1年間を一区切りにして，その期間の利益の額，その時点の資産，負債および資本の額を計算します。そのためには，日々記録がなされている帳簿をいったん締め切る必要があります。このような一連の手続を決算といい，決算を行う日を決算日といいます。

　決算手続は以下の手順によります。

① 試算表の作成

② 棚卸表の作成と決算整理

③ 帳簿決算

④ 財務諸表の作成

　上記の手続のうち，①試算表の作成は，決算日を試算表の作成日として勘定

記録の正確性を検証するものです。この試算表の作成については，すでに第3章で説明しましたので，以下では，②棚卸表の作成と決算整理以降の手続について説明します。

2　決　算　整　理

　決算において，まず試算表を作成することにより勘定記録の正確性を確認することができます。

　次に，いったん帳簿を離れて事実を確認し，これを後に示す棚卸表にまとめ，事実と帳簿記録の相違や記帳漏れがある場合には，帳簿記録に修正や追加を行うことが必要になります。この手続を決算整理といいます。

　決算整理事項には，次のようなものがあります。

①　売上原価の計算

②　有価証券の評価替

③　固定資産の減価償却

④　収益・費用の繰延べと見越し

(1)　売上原価の計算

　既に第3章で説明したように，期中において商品を仕入れたときには，借方に仕入勘定を記入して仕訳を行います。例えば，第3章において，大蔵商店の掛による仕入取引¥700,000を次のように仕訳しました。

　（借）仕　　　入　700,000　　（貸）買　掛　金　700,000

　そして，仕入勘定の借方に仕入金額が転記された時点で，仕入勘定の借方残高は，当期に仕入れた商品の総額（当期商品仕入高）になります。

		仕　　入	10		
⑤	買掛金	700,000		残高	1,500,000
⑨	諸　口	800,000		（当期商品仕入高）	

　この当期商品仕入高のうち，期中に販売されずに期末在庫となった商品の金額（期末商品棚卸高）については，仕入勘定から差し引いて繰越商品勘定という資産の勘定に振り替えます。

　第3章において大蔵商店が仕入れた商品のうちB商品¥300,000が期末に在庫されていますから，次のような仕訳（決算整理仕訳）を行います。

　（借）繰越商品　300,000　　（貸）仕　　入　300,000

この決算整理仕訳により，繰越商品勘定の借方に期末商品棚卸高が記入されます。

```
              繰越商品              13
  仕  入   300,000 |
```

　また，同様に，仕入勘定から期末商品棚卸高が差し引かれ，仕入勘定の残高が売り上げた商品の仕入原価（売上原価）を表すことになります。このことを，決算整理仕訳を転記した後の仕入勘定で確認しましょう。

　　売上原価＝⑥A商品狛江商店売上分¥320,000＋⑦A商品千歳商店売上分
　　　　　　　¥380,000＋⑭B商品千歳商店売上分¥500,000＝¥1,200,000

```
                  仕      入          10
⑤ 買掛金  700,000 | 繰越商品   300,000
⑨ 諸  口  800,000 |          } 残高  1,200,000（売上原価）
```

　なお，繰越商品勘定の借方に記入された期末商品棚卸高¥300,000は，次期に繰り越され，次期における期首商品棚卸高となります。そして，次期における売上原価の計算において，期首商品棚卸高を仕入金額に加算します。そのため，次期の決算整理では，期首商品棚卸高¥300,000について次の仕訳を行います。

　　（借）仕　　入　300,000　　（貸）繰越商品　300,000

(2)　有価証券の評価替

　企業が保有する有価証券は，所有目的により，次の4種類に分類し，①売買目的有価証券と④その他有価証券に属するものは，期末の時価で評価する必要があります。

① 　売買目的有価証券

② 　満期保有目的債券

③ 　子会社株式および関連会社株式

④ 　その他有価証券

　ここでは，期末の時価で評価する有価証券のうち，①売買目的有価証券の評価替について説明します。

　売買目的有価証券を期末の時価で評価する場合，評価益か評価損が生じます。例えば，第3章で大蔵商店が購入した売買目的の有価証券￥100,000の期末の時価が￥94,000である場合には，次のような仕訳を行います。

　　（借）　有価証券評価損　　6,000　　（貸）　有 価 証 券　　6,000

(3)　固定資産の減価償却

1)　減価償却の意義

　車両運搬具，備品，建物などの固定資産は，比較的長期間にわたって使用するものですが，やがては老朽化などによって使用できなくなります。第3章で大蔵商店が購入した自動車￥800,000が5年後に使用できなくなり，その時に￥80,000で売却処分するとします。この売却時において，取得原価￥800,000と売却価額￥80,000の差額である￥720,000を一度に費用にしてしまうのは適当ではありません。この自動車は，大蔵商店の事業活動に5年間使用されるものですから，その5年間に割り振って各年度の費用にすべきです。

　そこで，固定資産の取得原価と売却価額（残存価額）の差額を，その使用期間（耐用年数）にわたって各期間の費用に配分する手続が必要となります。この手続を減価償却といい，各期間に配分される費用を減価償却費といいます。

2) 減価償却費の計算

減価償却費は，固定資産の取得原価，残存価額，耐用年数に基づいて計算します。そして，その計算方法には，定額法，定率法などがあります。

① 定 額 法

定額法（straight-line method）は，固定資産の取得原価と残存価額の差額を，耐用年数で割って減価償却費を計算する方法です。

$$減価償却費 = \frac{取得原価 - 残存価額}{耐用年数}$$

例えば，第3章で大蔵商店が購入した自動車の各期の減価償却費は次のようになります。

1年目：$\dfrac{¥800,000 - ¥80,000}{5} = ¥144,000$

2年目：$\dfrac{¥800,000 - ¥80,000}{5} = ¥144,000$

3年目：$\dfrac{¥800,000 - ¥80,000}{5} = ¥144,000$

このように，定額法によると，毎期の減価償却費が一定額になります。

② 定 率 法

定率法（declining-balance method）は，固定資産の帳簿価額に一定率を掛けて減価償却費を計算する方法です。この計算に用いる一定率（償却率）は，次の方法により算定します。

$$償却率 = 1 - \sqrt[耐用年数]{\frac{残存価額}{取得原価}}$$

第3章で大蔵商店が購入した自動車の場合は次のようになります。

$$償却率 = 1 - \sqrt[5]{\frac{¥80,000}{¥800,000}} = 1 - 0.631 = 0.369$$

よって，定率法によった場合の各期の減価償却費は次のようになります。

1年目：¥800,000 × 0.369 　＝　 ¥295,200

2年目：(¥800,000 − ¥295,200) × 0.369 　＝　 ¥186,271

3年目：(¥800,000 − ¥295,200 − ¥186,271) × 0.369 　＝　 ¥117,537

このように，定率法によると，減価償却費が最初は多くなり，しだいに減少していきます。

3)　減価償却の記帳方法

減価償却の記帳方法には，直接法と間接法の2つがあります。

①　直　接　法

直接法とは，減価償却費を借方に記入するとともに，貸方に固定資産の勘定を記入して，減価償却費分だけ固定資産の帳簿価額を減額する方法です。

先ほどの大蔵商店が購入した自動車について，定額法で減価償却した場合の，直接法による1年目の記帳は，次のようになります。

　（借）　減価償却費　　144,000　　（貸）　車両運搬具　　144,000

②　間　接　法

間接法とは，減価償却費を借方に記入するとともに，貸方に減価償却累計額を記入する方法です。この減価償却累計額勘定は，固定資産の評価勘定（マイナス勘定）という特別な勘定です。

大蔵商店が購入した自動車について，定額法で減価償却した場合の，間接法による1年目の記帳は，次のようになります。

　（借）　減価償却費　　144,000　　（貸）　減価償却累計額　　144,000

(4) 収益・費用の繰延べと見越し

　収益および費用の多くは，それに関する収支があったときに，その勘定に記入します。例えば，第3章で大蔵商店が広告宣伝費¥50,000を現金で支払ったときに，次の仕訳を行いました。

　（借）広告宣伝費　　50,000　（貸）現　　金　　50,000

　しかし，このように実際に収支を伴うときに収益・費用を記帳すると，帳簿に記入された収益・費用の額が，その期の正しい収益・費用の額でないことがあります。そこで，決算整理において帳簿の修正を行う必要があります。

　そして，次の4つの場合において必要な帳簿の修正を行います。

　① すでに収益として記帳されているが，その一部が当期の収益でないために次期以降の収益とすべき修正（収益の繰延べ）

　② まだ帳簿に記入されていないが，当期の収益として記帳すべきものの修正（収益の見越し）

　③ すでに費用として記帳されているが，その一部が当期の費用でないために次期以降の費用とすべきものの修正（費用の繰延べ）

　④ まだ帳簿に記入されていないが，当期の費用として記帳すべきものの修正（費用の見越し）

　これらの修正のうち，ここでは④の費用の見越しについて説明します。費用の見越しは，当期の費用とすべき勘定を借方に記入し，貸方には新しく負債の勘定（未払○○勘定）を設けて記入します。

　例えば，第3章で大蔵商店の新宿銀行からの借入金¥850,000が，次のような条件であったとします。

　　　借入日：平成×年10月1日

　　　利　率：年4%

　　　利払日：毎年9月30日

　大蔵商店の決算日を3月31日とすると，借入日から決算日まで6ヶ月が経過しています。しかし，利払日は到来していませんから，利息支払いの取引は

なく，まだ利息は記帳されていません。しかし，経過した6ヶ月間に利息が発生していますから，6ヶ月分の利息を見越し計上します。

$$¥850,000 \times 0.04 \times \frac{6}{12} = ¥17,000$$

仕訳は，借方に支払利息勘定を記入し，貸方に未払利息勘定を記入します。

　（借）支 払 利 息　17,000　　（貸）未 払 利 息　17,000

(5) 棚　卸　表

　決算整理に先立ち，事実を調査して，これを棚卸表（inventory sheet）にまとめます。そして，決算整理は，この棚卸表をもとにして行います。

　大蔵商店の決算日（平成×年3月31日）における決算整理事項をまとめた棚卸表は，次のとおりです。

棚　　卸　　表
平成×年3月31日

勘定科目	摘　　要	内　訳	金　額
繰 越 商 品	B 商品　600個　@￥500		300,000
有 価 証 券	○社株式　10株　@￥10,000	100,000	
	評価損　10株　@￥600	6,000	94,000
車両運搬具	自動車　取得原価	800,000	
	減価償却費	144,000	656,000
未 払 利 息	6ヶ月分		17,000

3　帳　簿　決　算

　帳簿決算は，決算整理の後に帳簿を締切る手続で，次の4つの手順によります。

①　収益・費用諸勘定の損益勘定への振替
②　当期純利益（当期純損失）の繰越利益剰余金勘定への振替
③　資産・負債・資本諸勘定の残高勘定への振替
④　仕訳帳・元帳の締切

(1)　収益・費用諸勘定の損益勘定への振替

　帳簿決算においては，まず，新たに損益勘定を設けて，そこに収益・費用の諸勘定残高を振り替えて集計します。ただし，損益勘定への振替は，仕訳を通して行いますので，次のような振替仕訳を行います。

(借)	売　　　　上	1,740,000	(貸)	損　　　　益	1,860,000
	受取手数料	120,000			
(借)	損　　　　益	1,737,000	(貸)	仕　　　　入	1,200,000
				広 告 宣 伝 費	50,000
				給　　　　料	320,000
				有 価 証 券 評 価 損	6,000
				減 価 償 却 費	144,000
				支 払 利 息	17,000

　この振替によって収益・費用諸勘定の残高はゼロになります。

(2)　当期純利益（当期純損失）の繰越利益剰余金勘定への振替

　損益勘定の貸方には収益の額が集計され，借方には費用の額が集計されますから，その差額が当期純利益（当期純損失）です。すなわち，収益＞費用であれば，これらの差額は当期純利益であり，収益＜費用であれば，これらの差額は当期純損失になります。

　大蔵商店の例では，収益の合計が¥1,860,000，費用の合計が¥1,737,000ですから，差額の¥123,000が当期純利益です。この当期純利益の額を，損益勘定から繰越利益剰余金勘定へ振り替えます。

（借）損　　益　　123,000　　　　（貸）繰越利益剰余金　　123,000

この振替によって損益勘定の残高はゼロになります。

　（注）　個人商店では，当期純利益の額を，損益勘定から資本金勘定へ振り替え
　　　　ますが，ここでは株式会社の場合に準じて，繰越利益剰余金勘定へ振り替
　　　　えます。

(3)　資産・負債・資本諸勘定の残高勘定への振替

　当期純利益を繰越利益剰余金勘定へ振り替えたら，その次に，新たに**残高勘定**を設けて，そこに資産・負債・資本の諸勘定残高を振り替えて集計します。

　残高勘定への振替は，次のような振替仕訳によります。そして，この振替によって資産・負債・資本諸勘定の残高はゼロになります。また，残高勘定は，転記や計算に誤りがない限り，貸借の金額が一致します。

（借）	残　　　高	3,034,000	（貸）	現　　　金	900,000
				売　掛　金	940,000
				有価証券	94,000
				繰越商品	300,000
				車両運搬具	800,000
（借）	買　掛　金	900,000	（貸）	残　　　高	3,034,000
	借　入　金	850,000			
	未払利息	17,000			
	減価償却累計額	144,000			
	資　本　金	1,000,000			
	繰越利益剰余金	123,000			

　なお，上記のように残高勘定を設けて，そこに資産・負債・資本諸勘定残高を振り替える方法を**大陸式決算法**といいます。これに対して，残高勘定を設けないで，総勘定元帳に次期繰越高と前期繰越高を直接記入する**英米式決算法**とよばれる方法もあります。英米式決算法による場合は，資産・負債・資本諸勘

定についての振替仕訳は行いません。

(4)　仕訳帳・元帳の締切

　以上の記帳を行った後に，仕訳帳と元帳を締め切ります。例えば，大蔵商店の諸勘定は，次のように締め切られます。なお，元帳の締切では，貸借の合計額が同じ行で一致する必要がありますので，余白が生じた側に斜線を入れます。

		現　金	1
① 資本金	1,000,000	② 車両運搬具	800,000
④ 借入金	850,000	③ 広告宣伝費	50,000
⑧ 売掛金	300,000	⑨ 仕　入	200,000
⑫ 受取手数料	120,000	⑩ 買掛金	400,000
⑬ 売掛金	400,000	⑪ 有価証券	100,000
⑭ 売　上	100,000	⑮ 給　料	320,000
		残高(注)	900,000
	2,770,000		2,770,000

		売掛金	2
⑥ 売　上	500,000	⑧ 現　金	300,000
⑦ 〃	580,000	⑬ 〃	400,000
⑭ 〃	560,000	残高(注)	940,000
	1,640,000		1,640,000

(注)　「次期繰越」と記入することもあります。この点は，次ページの場合も同様です。

		有価証券	3
⑪ 現　金	100,000	有価証券評価損	6,000
		残高(注)	94,000
	100,000		100,000

		車両運搬具	4
② 現　金	800,000	残高(注)	800,000

		買掛金	5
⑩ 現　金	400,000	⑤ 仕　入	700,000
残高(注)	900,000	⑨ 〃	600,000
	1,300,000		1,300,000

		借入金	6
残高(注)	850,000	④ 現　金	850,000

		資本金	7
残高(注)	1,000,000	現　金	1,000,000

		売　上	8
損　益	1,740,000	⑥ 売掛金	500,000
		⑦ 〃	580,000
		⑭ 諸　口	660,000
	1,740,000		1,740,000

		受取手数料	9
損　益	120,000	⑫ 現　金	120,000

		仕　入	10
⑤ 買掛金	700,000	繰越商品	300,000
⑨ 諸　口	800,000	損　益	1,200,000
	1,500,000		1,500,000

	広告宣伝費	11
③ 現　金	50,000	損　益　50,000

	給　料	12
⑮ 現　金	320,000	損　益　320,000

	繰越商品	13
仕　入	300,000	残高(注)　300,000

	有価証券評価損	14
有価証券	6,000	損　益　6,000

	減価償却費	15
減価償却累計額	144,000	損　益　144,000

	減価償却累計額	16
減価償却費	144,000	残高(注)　144,000

	支払利息	17
未払利息	17,000	損　益　17,000

	未払利息	18
残高(注)	17,000	支払利息　17,000

	繰越利益剰余金	19
残高(注)	123,000	損　益　123,000

	損　　益		20
仕　入	1,200,000	売　　上	1,740,000
広告宣伝費	50,000	受取手数料	120,000
給　料	320,000		
有価証券評価損	6,000		
減価償却費	144,000		
支払利息	17,000		
繰越利益剰余金	123,000		
	1,860,000		1,860,000

	残　　高		21
現　金	900,000	買掛金	900,000
売掛金	940,000	借入金	850,000
有価証券	94,000	未払利息	17,000
繰越商品	300,000	減価償却累計額	144,000
車両運搬具	800,000	資本金	1,000,000
		繰越利益剰余金	123,000
	3,034,000		3,034,000

4　財務諸表の作成

　帳簿決算の後，損益勘定をもとにして損益計算書，残高勘定をもとにして貸借対照表を作成します。

　財務諸表の様式については，第7章および第8章で詳しく説明しますが，今の段階では，損益勘定・残高勘定に集計される勘定科目と損益計算書・貸借対照表の表示項目に若干の違いがあることと，減価償却累計額の表示方法に特徴があることを確認して下さい。

損益計算書

大蔵商店　　　　　自平成×年4月1日　至平成×年3月31日

売　上　原　価	1,200,000	売　　上　　高	1,740,000
広　告　宣　伝　費	50,000	受　取　手　数　料	120,000
給　　　　　料	320,000		
有　価　証　券　評　価　損	6,000		
減　価　償　却　費	144,000		
支　払　利　息	17,000		
当　期　純　利　益	123,000		
	1,860,000		1,860,000

貸借対照表

大蔵商店　　　　　　　　平成×年3月31日

現　　　　　金	900,000	買　　掛　　金	900,000
売　　掛　　金	940,000	借　　入　　金	850,000
有　価　証　券	94,000	未　払　費　用	17,000
商　　　　　品	300,000	資　　本　　金	1,000,000
車　両　運　搬　具	800,000	繰越利益剰余金	123,000
減価償却累計額	△ 144,000		
	2,890,000		2,890,000

本章の復習問題

1　決算及び決算日について説明しなさい。

2　決算整理及び棚卸表について説明しなさい。

3　次の決算整理仕訳（単位は円）を参照して，(1) 期首商品棚卸高，(2) 期末商品棚卸高，(3) 売上原価の金額を求めなさい。なお，当期商品仕入高は¥1,000,000である。

　　（借）　仕　　　　　入　　180,000　　　（貸）　繰　越　商　品　　180,000
　　（借）　繰　越　商　品　　200,000　　　（貸）　仕　　　　　入　　200,000

4　保有する売買目的有価証券（簿価¥360,000）の期末における時価が¥400,000であった。必要となる決算整理仕訳を示しなさい。

5　固定資産の減価償却について説明しなさい。

6　当店（会計期間は1年）における次の固定資産（いずれも当期首に取得）について，当期の減価償却費を求めなさい。

種　類	取得原価	償却方法	残存価額	耐用年数	償却率
建　物	¥1,000,000	定額法	¥100,000	50年	―
備　品	¥300,000	定率法	¥30,000	5年	0.369

7　次の備品勘定（単位は円，日付は省略）を参照して，この備品について間接法により減価償却を記帳した場合の仕訳を示しなさい。

8　当店（会計期間は1年）における次の借入条件による借入金¥500,000について，必要となる決算整理仕訳（決算日は12月31日）を示しなさい。

借入日：当期10月1日

備　　　　品

現　　金	400,000	減価償却費	72,000
		次期繰越	328,000
	400,000		400,000
前期繰越	328,000		

利　率：年3%（利息は後払い）

利払日：3月31日

9　当店の決算において当期純利益が¥200,000と算定された。この当期純利益を繰越利益剰余金勘定へ振り替える仕訳を示しなさい。

10　帳簿決算において損益計算書，貸借対照表のもとになる勘定をそれぞれ答えなさい。

第5章

株式会社のしくみ

本章のポイント

　株式会社は，株式の自由譲渡性，株主の有限責任，所有と経営の分離を基本的特質としています。株式会社は，公開会社・大会社・上場会社など，種々に分類されます。公開会社かつ大会社の場合，株主総会，取締役会，会計監査人を必ず置かなければなりません。その他の機関構造は，3つの類型に分かれます。

　キー・ワード：無限責任，有限責任，持分会社，株式会社，株式の自由譲渡性，所有と経営の分離，普通株式，種類株式，社債，公開会社，大会社，上場会社，株主総会，取締役会，会計監査人，監査役会設置会社，指名委員会等設置会社，監査等委員会設置会社

1　企業の諸形態

　営利を目的として経済活動を行う組織体は一般に企業とよばれますが，その形態は様々です。会社形態の企業が一般的ですが，それも多種類ありますし，また，会社形態でない企業もあります。本章では，現代社会においてもっとも一般的な企業である株式会社のしくみについて学びますが，企業形態にどのようなものがあるかについて概観することから始めましょう。ただし，その場

合，出資者が債権者（その企業に対する資金の融資者など）に対して負う責任が無限なのか，有限なのかが1つのポイントになりますので，まず，それらの概念について確認したいと思います。

(1)　出資者の無限責任と有限責任

　まず，**無限責任**とは，出資者が債権者に対する債務（負債）について出資額を超えて負う責任のことです。事業活動の継続が困難となり企業が倒産すれば，企業の残余財産を売却・換金して，債務を返済することになりますが，その債務をすべて返済しきれないときに，出資者が不足額についてさらに責任を負い，出資者個人の財産によって返済しなければならない，というのが無限責任です。

　これに対して，**有限責任**とは，出資者が債権者に対する債務について出資額を限度として負う責任のことです。すなわち，企業が倒産した場合，出資者が債務返済のために出資額を失うリスク（したがって責任）はあっても，出資額を超えてなお債務を返済する責任はない，というのが有限責任です。

(2)　会社形態でない企業

①　個人企業

　個人企業は，個人の出資によって設立されるもっとも素朴な企業です。個人企業は，法人格（その組織自体が権利・義務の主体となること）をもちません。この企業は，出資者個人の名義で活動し，その利益（所得）は出資者個人の所得になります。個人企業の場合，出資者は無限責任を負います。

②　組合企業

　組合企業（パートナーシップ）は，2人以上の出資者（組合員）による共同事業体すなわち組合として設立される企業です。組合企業は，協同組合などの場合を除いて法人格をもたず，出資者の複数名義で活動し，利益（所得）は出資者相互で定めた内部の規律にしたがって配分されます。組合企業では，出資者は原則として無限責任を負います。しかし，平成17年に成立した有限責任

事業組合法により，すべて有限責任の出資者によって設立される組合として，**有限責任事業組合**が新たに認められるようになりました。これは日本版 LLP（limited liability partnership）ともよばれています。

(3) 会社形態の企業

　会社形態の企業は，法人格をもち，したがって，会社自体が権利・義務の主体となります。会社は，**株式会社**と**持分会社**に大別されます。さらに，持分会社は，**合名会社**，**合資会社**，**合同会社**に分類されます。これらの会社については，**会社法**が規制しています。会社法は，平成 17 年 6 月に，商法第 2 編「会社」，商法特例法，有限会社法などを統合・再編して制定された法律で，平成 18 年 5 月から施行されています。この会社法により，従来の有限会社が廃止されて株式会社に移行し，また，株式会社の最低資本金制度（1,000 万円）が撤廃されるなど，会社法制は大きく変わりました。

1) 持 分 会 社

　持分会社は，基本的に所有と経営（業務執行）の一致を前提とした会社です（会社法第 590 条第 1 項，本章で以下条文を示す場合は，特に断らない限り会社法の条文を意味します）。所有と経営の一致とは，出資者 ^(注) すなわち会社の所有者が同時に経営者になるということです。また，持分会社では，利益配分のルールなどについて，その会社の自治の範囲が広く認められています。

　　(注)　会社法では，会社への出資者を「社員」（「無限責任社員」「有限責任社員」）とよんでいます。しかし，社員と表現すると，従業員の意味に誤解されやすいので，本書では「出資者」と表現することにします。

① 合 名 会 社

　合名会社は，1 人以上の無限責任の出資者によって設立される会社です（第 576 条第 2 項）。

② 合 資 会 社

　合資会社は，無限責任の出資者と有限責任の出資者それぞれ 1 人以上によって設立される会社です（第 576 条第 3 項）。

③ 合 同 会 社

　合同会社は，1人以上の有限責任の出資者によって設立される会社です（第576条第4項）。すべての出資者が負う責任が有限責任であり，その点では次に述べる株式会社に近いといえますが，内部の規律に関しては，例えば利益配分を出資比率にかかわらず内部で定めたルールによって行えるなど，組合企業に似ています。合同会社は，会社法によって初めて認められた企業で，日本版LLC（limited liability company）ともよばれています。

2）株 式 会 社

　株式会社は，1人以上の有限責任の出資者によって設立される会社です。出資に際して，出資証券としての株式（株券）が発行され，出資者は株式を受け取るので，株主とよばれます。株主は，①剰余金の配当を受ける権利，②残余財産の分配を受ける権利，③株主総会における議決権その他の権利を有します（第105条第1項）。

2　株式会社の基本的特質

　株式会社の基本的な特質は，以下のように要約することができます。

（1）　株主の有限責任

　すでに述べたように，株式会社は，株主の有限責任を前提とする会社です（第104条）。会社が倒産して債権者に対して債務を完済できなくても，株主に不足額の返済が求められることはありません。したがって，株式会社に対する債権者は，債権が返済されないリスクを負っていることになります。そのため，会社法には，債権者を保護する種々の規定が設けられています。

（2）　株式の自由譲渡性

　株式会社では，出資者（株主）の地位は株式という細分化された単位に表されます。株主は，出資額に応じた単位数の株式を所有し，それによって様々な

権利を行使します。そして，この株式は，他人に対して自由に譲渡することが
できます（第127条）。株主の中には，その会社の株主としての地位を放棄して，
出資した資金を回収したいと考える人も現れるでしょう。しかし，その場合，
株主は会社に出資金の払戻しを請求することはできません。出資金を回収する
ためには，株式を他人に譲渡（売却）して換金しなければなりません。ただ
し，その売却額は，買い手との交渉によって，出資額以上になる場合もあれ
ば，それ以下になる場合もあります。このような取引を円滑にするために，一
部の株式のために設けられているのが，証券取引所です。なお，後述するよう
に，株式の中には，例外的に会社の承認を条件として譲渡が認められる譲渡制
限株式もあります。しかし，一般の株式には自由譲渡性が認められています。

(3)　所有と経営の分離

　株式会社もその規模は様々であり，規模が小さく株主がごく少数しか存在せ
ず，しかもその株主が同時に経営者や従業員を兼ねるという場合もあります。
しかし，株式会社は，もともと一般公衆から広く資金を調達する目的で考えら
れた会社形態です。したがって，株主は多数から構成されるのが普通です。そ
してその場合，株主は出資者として会社の外に存在し，企業の経営（業務執
行）には直接関与しないのが通常です。実際の経営は，そのために雇用した経
営者（取締役）に委任されています。このため，後述するように，株主総会と
1人以上の取締役を必ず設置しなければならないことになっています。株式会
社では，基本的に所有と経営は分離しているのです。

3　株 式 の 種 類

　株式会社は，定款（会社の組織や活動などの基本的事項を定めた文書）で定
めることによって，内容の異なる2つ以上の種類の株式を発行することができ
ます（第108条第1項）。株式の種類は，普通株式と種類株式に大別されます。

(1)　普 通 株 式

特に定款に定めを置かなくても発行できる標準的な株式を，普通株式といいます。普通株式は，剰余金の配当を受け取る権利，残余財産の分配を受け取る権利，株主総会での議決に加わる権利その他の通常の権利を有する株式です。

(2)　種 類 株 式

定款に定めることによって発行できる株式が種類株式です。この内容は多様ですが，ここでは，次の3種類を取り上げます。

1)　優 先 株 式

普通株式に比べて，剰余金の配当を優先的に受け取ることのできる株式や，企業解散時に残余財産を優先的に受け取ることのできる株式が，**優先株式**です（第108条第1項第1・2号）。優先株式は，株主総会での議決権が付かない株式－議決権制限株式（第108条第2項第3号）－であるのが普通です。

2)　譲 渡 制 限 株 式

既述のように，株式は基本的に譲渡が自由ですが，会社は，全部または一部の株式について譲渡に際して会社の承認を要求することができる場合があります。このように定められた株式が，**譲渡制限株式**です（第107条第1項第1号，第108条第1項第4号）。

3)　拒否権条項付株式

拒否権条項付株式とは，株主総会で決議すべき事項のうち，その決議のほかにその種類株式の株主を構成員とする種類株主総会の決議を必要とすると定められた株式のことです（第108条第1項第8号）。この種類株主は，一般の株主総会の決議に対して拒否権を有することになります。このような株式を友好的な個人や会社に交付しておけば，例えば敵対的な買収を仕掛けてくる会社などの買収提案を否決することができます。このように，買収防衛策として，この拒否権条項付株式が利用されることがあり，「黄金株式」とよばれることもあります。ただし，この株式の発行は過剰な買収防衛策になりかねないため，証券取引所はこの株式の発行には一定の条件を要求しています。

4　株式と社債の違い

　株式と同様に，株式会社が広く一般公衆から資金を調達するために発行する有価証券に社債があります。旧商法では，社債の発行は株式会社に限定されていましたが，会社法により，すべての会社が社債を発行することができるようになりました。

　社債の発行は，会社の立場からすれば，資金の長期の借入れであり，長期借入金などと同様に負債（固定負債）の増加を意味します。社債は，契約上，償還日が決められており，償還日には会社から社債権者に対して資金が返済されます。また，償還日までの期間中，定期的に社債権者に対して一定の利息が支払われます。

　これに対して，株式の発行は，会社にとって出資の受入れであり，資本の増加を意味します。株式には償還義務はなく，会社の解散などの特殊な場合を除いて，株主に資金が払い戻されることは基本的にありません。また，株主に利息が支払われるということもありません。株主には，配当金が支払われますが，その額は決められていません。また，会社の業績が不振などの場合には，配当金が支払われないこともあります。

　株式と社債の違いをより明確にするために，それぞれを発行した場合の仕訳がどのようになるか示しましょう。貸方の勘定科目に注意してください。①の資本金（または資本準備金）は資本に属す科目ですが，②の社債は負債に属す科目です。

　①　株式¥10,000,000を発行し，同額が銀行の普通預金に払い込まれた。

　（借）普 通 預 金　　10,000,000　　（貸）資 本 金　　10,000,000

　　なお，払込額のうち2分の1までは，資本金とせず資本準備金とすることができます。2分の1を資本金としなかった場合の仕訳は次のようになります。

（借）普通預金	10,000,000	（貸）	資 本 金	5,000,000
			資本準備金	5,000,000

② 社債￥10,000,000 を発行し，同額が銀行の普通預金に払い込まれた。

（借）普 通 預 金	10,000,000	（貸）社　　　　債	10,000,000

5 株式会社の分類

次に，株式会社の分類について述べましょう。ここでは，株式の譲渡制限，会社の規模，証券取引所（正式には金融商品取引所）への上場の3点から分類します。機関構造による会社の分類については，次節で改めて説明します。

(1) 公開会社と非公開会社

発行する全部または一部の株式について，譲渡に際して会社の承認を必要としない会社を，公開会社といいます（第2条第5号）。いい換えれば，公開会社とは，発行する株式の全部または一部が譲渡制限株式ではない会社ということです。これに対して，発行する株式のすべてが譲渡制限株式である会社が，公開会社以外の会社（非公開会社）です。従来，一般に公開会社といえば，後述する上場会社を意味するのが普通でしたが，それと会社法上の公開会社とでは意味が違いますので，注意が必要です。

(2) 大会社と非大会社

貸借対照表上の資本金が5億円以上または負債総額が200億円以上の会社を，大会社といいます（第2条第6号）。したがって，資本金5億円未満かつ負債総額200億円未満の会社が大会社以外の会社となります。

(3) 上場会社と非上場会社

以上は，会社法上の株式会社の分類ですが，金融商品取引法に関連して，株式会社は，上場会社とそれ以外の会社（非上場会社）とに分類されます。株式を証券取引所に登録（上場）し，その株式がその取引所で売買される会社が，上場会社です。上場会社には，会社法以外にさらに金融商品取引法が適用され，投資者のための詳細な財務諸表の開示が求められますが，これについては第6章で説明します。

6 株式会社の機関

株式会社では，**株主総会**と，1人以上の**取締役**を必ず置かなければなりませんが，定款の定めによって，取締役会，会計参与，監査役，監査役会，会計監査人，監査等委員会または指名委員会等を置くことができます（第326条第2項）。また，株式会社の種類によっては，それらの一部の設置が義務づけられる場合もあります。したがって，株式会社の機関設計は多様となりますが，ここでは，公開会社でかつ大会社である場合を前提として，株式会社の機関について説明します。

(1) 株 主 総 会

株主総会は，招集された株主により構成される株式会社の最高意思決定機関（最高議決機関）です。ここで，定款の変更，役員（取締役・会計参与・監査役）や会計監査人の任免（選任・解任），貸借対照表・損益計算書等の計算書類の承認^(注1)，剰余金の配当^(注2)，会社の組織再編その他の事項について，審議・決定が行われます。株主総会には，毎年一定の時期に開催される定時株主総会と，必要に応じて不定期に開催される臨時株主総会とがあります。日本の大部分の株式会社は3月31日決算ですが，その場合の定時株主総会は，多くの場合，例年6月の下旬に開かれています。

（注1） 大会社の場合は後述するように会計監査人の設置が義務づけられます。

この場合には，計算書類が適正に作成されていれば（すなわち，後述する監査役会，監査委員会または監査等委員会の監査，および，会計監査人の監査で適正との意見が表明されれば），計算書類は取締役会で決議・確定することができます。この場合には，株主総会では承認は必要にならず，報告だけでよいということになります（第439条）。

(注2)　指名委員会等設置会社（後述），および，会計監査人を設置し取締役の任期を1年以内とする監査役会設置会社（後述），および会計監査人を設置し監査等委員以外の取締役の任期を1年以内とする監査等委員会設置会社（後述）の場合は，定款に定めれば，取締役会で剰余金の配当を決議することができます。ただし，最終事業年度に関する計算書類が適正に作成されていることが条件となります（第459条第1項第4号，同第2項）。

(2)　取締役会

公開会社には，**取締役会**の設置が求められます（第327条第1項第1号）。取締役会を設置する場合，それを構成する取締役は3人以上でなければなりません（第331条第5項）。取締役会は，会社の業務執行の決定，取締役の職務の執行の監督，代表取締役の選定・解職を行います（第362条第2項）。後述する指名委員会等設置会社の場合を除いて，会社の業務を執行するのは，対外的に会社を代表する**代表取締役**と取締役会で選定された他の取締役です（第363条第1項）が，この業務執行を取締役会が監督することになります。なお，取締役の任期は，公開会社では，指名委員会等設置会社および監査等委員会設置会社（ただし監査等委員を除く）の場合以外では2年以内です（第332条第1項）。

(3)　会計監査人

大会社には，**会計監査人**の設置が求められます（第328条第1項）。また，大会社以外の会社でも，指名委員会等設置会社および監査等委員会設置会社の場合には，会計監査人を設置しなければなりません（第327条第5項）。会計監査とは，貸借対照表や損益計算書などが法令にしたがって正しく作成されているかどうかを調査・検討することですが，その結果として会計監査報告（書）が作成されます。会計監査人となる者は，公認会計士または監査法人に限られま

す（第337条第1項）。任期は1年以内ですが，定時株主総会で別段の決議がなされなかった場合は，再任されたものとみなされます（第338条第1・2項）。

(4) 監査役会－監査役会設置会社－

公開会社でかつ大会社の場合，以上の諸機関は必ず置かれなければなりません。しかし，他に監査役会，指名委員会等，監査等委員会のいずれかを設置しなければなりません。これは，会社の経営をいかに監視するかという，いわゆるコーポレート・ガバナンス（企業統治）にかかわることがらです。ここで，株式会社は，①**監査役会設置会社**，②**指名委員会等設置会社**，③**監査等委員会設置会社**の3つの類型に分かれます。①は，日本の伝統的なコーポレート・ガバナンスの類型ですが，②はアメリカ流のコーポレート・ガバナンスを志向する類型で，③は①と②の折衷的な類型といえます。

まず，監査役は，業務監査（取締役の職務の執行についての監査，特に法令もしくは定款に違反がないかどうかの監査）と会計監査（貸借対照表・損益計算書等についての監査）を行い，その結果について監査報告（書）を作成します（第381条，第436条第1・2項，会社計算規則第122条）。任期は，公開会社の場合4年です（第336条第1項）。

監査役会は，すべての監査役で組織し，監査報告（書）の作成，常勤の監査役の選定等の職務を行います（第390条第2・3項）。監査役は3人以上で，そのうち半数以上はその会社から独立した社外監査役でなければなりません（第335条第3項）。会計監査において，会計監査人の監査の方法または結果を相当でないと認めたときは，監査役（会）は，その旨およびその理由を監査報告（書）に記載しなければなりません（会社計算規則第127条第1項第2号，同第128条第2項第2号）。しかしそうでなければ，会計監査人の監査結果を基本的に受け入れることになります。次に，監査役会設置会社の機関構造を図解します。なお，**図表5-1**における矢印は，任免（選任・解任）の関係を表します。これは，後に示す**図表5-2，5-3**でも同様です。

図表 5-1　監査役会設置会社の機関構造

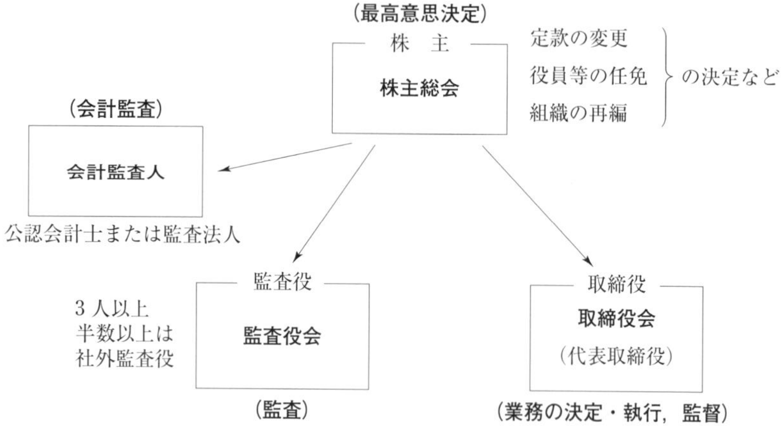

（最高意思決定）

株　主

株主総会

定款の変更
役員等の任免　　〉の決定など
組織の再編

（会計監査）

会計監査人

公認会計士または監査法人

監査役

監査役会

3人以上
半数以上は
社外監査役

（監査）

取締役

取締役会

（代表取締役）

（業務の決定・執行，監督）

（5）　指名委員会等－指名委員会等設置会社－

　指名委員会等設置会社とは，指名委員会・監査委員会・報酬委員会の3委員会を設置する会社です（第2条第12号）。平成26年6月の会社法の改正によりこの名称になりました。以前は委員会設置会社とよばれていました。各委員会は，取締役3人以上で構成され，それぞれの過半数は社外取締役でなければなりません（第400条第1・3項）。ただし，各委員会における社外取締役の兼務については特に制限はありません。なお，指名委員会等設置会社における取締役の任期は1年以内です（第332条第6項）。

　指名委員会等設置会社では，監査役（会）を置くことはできません（第327条第4項）。監査役会設置会社における監査役会の職務に相当するものを遂行するのが，監査委員会です。

　指名委員会は，株主総会に提出する取締役（会計参与を設置している場合は，さらに会計参与）の選任・解任に関する議案の内容を決定します（第404条第1項）。

　監査委員会は，執行役および取締役（会計参与を設置している場合はさらに会計参与）の職務の執行の監査と，監査報告（書）の作成などの職務を行ない

ます（第404条第2項，第436条第2項）。

　報酬委員会は，取締役および次に述べる執行役（会計参与を設置している場合は，さらに会計参与）の個人別の報酬等の内容を決定します（第404条第3項）。

　指名委員会等設置会社は，1人以上の執行役を置かなければならず，執行役は取締役会の決議によって選任されます（第402条第1・2項）。その任期は1年以内です（同第7項）。指名委員会等設置会社の業務を執行するのは，この執行役です（第418条）。取締役は，特別な場合を除いて業務執行することはできません（第415条）。基本的な業務の決定は取締役会が行いますが，実際の業務を執行するのは執行役で，取締役会はその執行を監督する立場になります。また，執行役が1人の場合は，その者が代表執行役となり，執行役が複数いる場合は，取締役会はその中から代表執行役を選定しなければなりません（第420

図表5-2　指名委員会等設置会社の機関構造

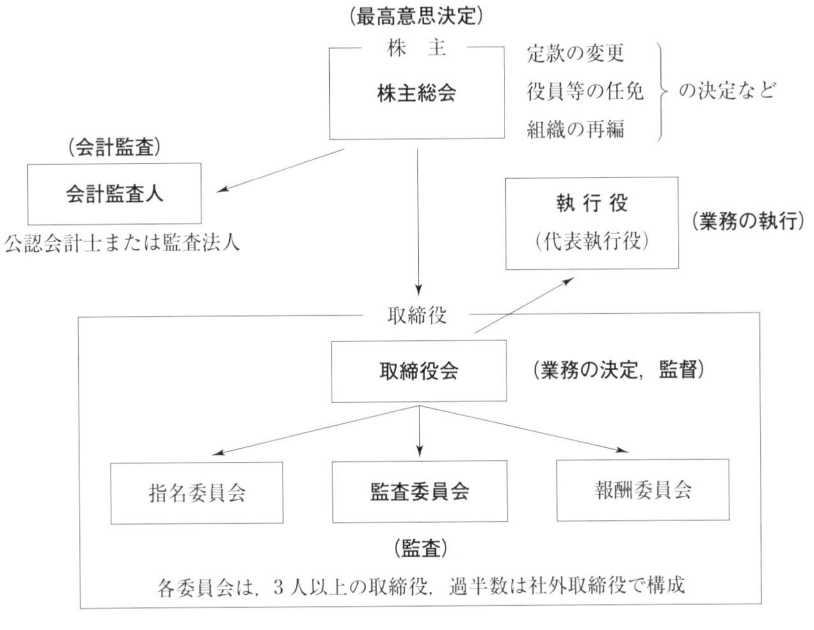

条第1項)。この代表執行役が対外的に会社を代表します。指名委員会等設置会社の機関構造を図解すれば前頁のとおりです。

(6)　監査等委員会－監査等委員会設置会社－

　監査等委員会を設置する会社が、次に述べる**監査等委員会設置会社**です(第2条第11の2号)。この会社は、平成26年6月に改正され、平成27年の5月から施行された会社法によって、新たに認められた株式会社の類型です。この類型では、指名委員会等設置会社の場合と同様に、監査役(会)を置くことはできません(第327条第4項)。また、取締役会が果たす機能は、監査役会設置会社の場合と同様です。監査等委員会設置会社は、監査役会設置会社と指名委員会等設置会社との折衷的な類型ということができます。

　監査等委員会は3人以上の取締役によって構成され、その過半数は社外取締役でなければなりません(第331条第6項)。監査等委員である取締役は、株主総会においてそれ以外の取締役と区別して選任され(第329条第2項)、また、監査等委員である取締役を解任するための株主総会決議は、議決権の過半数を有する株主が出席し、出席株主の議決権の3分の2以上の多数(特別決議)が必要となる(第344条の2第3項、第309条第2項第7号)など、他の取締役とは別格の取り扱いを受けます。さらに、他の取締役の任期が1年以内であるのに対して、監査等委員である取締役の任期は2年です(第332条第1・4項)。

　監査等委員会の主たる職務は、取締役の職務の執行を監査し監査報告(書)を作成することです(第399条の2第3項第1号)。これは、監査役会設置会社における監査役会、指名委員会等設置会社における監査委員会が遂行する職務に相当します。この職務以外に、監査等委員会は、株主総会に提出する会計監査人の選任・解任・不再任に関する議案の内容を決定する(同第2号)、監査等委員以外の取締役の選任・解任・辞任およびその報酬について、株主総会において述べる監査等委員会の意見を決定する(同第3号)という職務も遂行します。監査等委員会の「等」には、監査以外の職務も行うという意味が含まれているのです。次に、監査等委員会設置会社の機関構造を図解します。

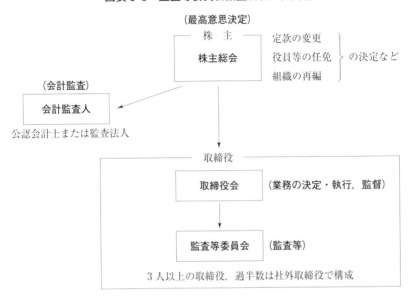

図表 5-3　監査等委員会設置会社の機関構造

　監査等委員会設置会社および前述の指名委員会等設置会社では，監査業務を担う役員が同時に取締役会の構成員であるところが，監査役会設置会社の場合と大きく異なります。ここに，監査・監督の機能強化が見込まれています。

　また，平成26年6月の改正会社法では，監査役会設置会社（公開会社かつ大会社）であって，金融商品取引法上の有価証券報告書（第6章参照）を提出する義務のある会社（上場会社等）が社外取締役を置いていない場合には，定時株主総会において，社外取締役を置くことが相当でない理由を説明しなければならないと定められました（第327条の2）。この場合には，株主総会に提出する事業報告（第6章参照）にその旨を記載することも求められます（会社法施行規則第124条第2・3項）。したがって，監査役会設置会社は，社外監査役を最低2名置くことが義務づけられていますが，さらに，最低1名の社外取締役，したがって，社外の役員を3名置くことが事実上要請されることになります。日本企業の場合，社外の役員を確保することは，まだその歴史も浅く，その環

境が整備されているとはいえません。社外取締役を最低2名置けばよい監査等委員会設置会社の類型が新たに法定された背景には，そのような事情もあったのです。

　そして，令和元年12月に会社法が改正され，監査役会設置会社（公開会社かつ大会社）であって，金融商品取引法上の有価証券報告書を提出する義務のある会社（上場会社等）は，最低1名の社外取締役を設置することが正式に義務づけられました（第327条の2）。

［補論］　コーポレートガバナンス・コード

　　東京証券取引所は，平成27年6月に「コーポレートガバナンス・コード〜会社の持続的な成長と中長期的な企業価値の向上のために〜」を公表しました。これによれば，コーポレートガバナンスとは，「会社が，株主をはじめ顧客・従業員・地域住民等の立場を踏まえた上で，透明・公正かつ迅速・果断な意思決定を行うための仕組み」を意味しますが，それを実現するための主要な原則を定めたものが，このコードです。そして，ここでは，上場会社は社外取締役を少なくとも2名以上選任することが求められました（原則4-8）。

　　東京証券取引所は，令和4年4月から，これまでの4つの市場区分（第1部，第2部，マザーズ，ジャスダック）から新しい3つの市場区分（プライム，スタンダード，グロース）に再編されることになりました。これに伴い，コーポレートガバナンス・コードは，令和3年6月に次のように改訂されました。すなわち，プライム市場（グローバル企業向けの市場）に上場する会社は，少なくとも3分の1以上の社外取締役を，プライム市場以外の市場に上場する会社は，少なくとも2名以上の社外取締役をそれぞれ選任すべきであると定められたのです（原則4-8）。

　　同コードは，法的には強制されるものではありませんが，ここに指示されたことを実施しない場合には，その理由を「コーポレートガバナンスに関する報告書」に記載して東京証券取引所に提出することが求められます。

(7) 会 計 参 与

　会計参与は，取締役・執行役と共同して貸借対照表や損益計算書などを作成し，さらに会計参与報告（書）を作成します（第374条第1項）。会計参与にな

りうる者は，公認会計士（もしくは監査法人）または税理士（もしくは税理士法人）に限られます（第333条第1項）。しかし，会計監査人としての公認会計士・監査法人が会計参与を兼務することはできません（第337条第3項第2号）。会計参与の任期は，取締役の任期と同じで，監査役会設置会社の場合は2年以内，指名委員会等設置会社および監査等委員会設置会社の場合は1年以内となります（第334条第1項）。なお，会計参与の設置は，強制されるものではありません。したがって，**図表5-1，5-2，5-3**では，会計参与を設置しない場合を前提としています。会計参与は，もともと，大会社以外の会社の会計を適正にする趣旨で，会社法により初めて創設された機関（役員）です。

本章の復習問題

1　無限責任と有限責任について述べなさい。

2　持分会社について説明しなさい。

3　株式会社の基本的特質について述べなさい。

4　公開会社，大会社，上場会社のそれぞれについて説明しなさい。

5　株式の種類について述べなさい。

6　株式と社債の違いについて述べなさい。

7　監査役会設置会社について説明しなさい。

8　指名委員会等設置会社について説明しなさい。

9　監査等委員会設置会社について説明しなさい。

第6章

日本の企業会計制度

本章のポイント

　日本の企業会計は，会社法に基づく会計，金融商品取引法に基づく会計，税法に基づく会計の3つから構成されています。それぞれの制度の趣旨は異なりますが，この3つの会計は相互に密接に関係しています。これはトライアングル体制とよばれ，日本の企業会計制度の特徴を形成しています。

　キー・ワード：トライアングル体制，会社法会計，金融商品取引法会計，税務会計，株主保護，債権者保護，株主総会，投資者保護，有価証券報告書，EDINET，課税所得，確定決算主義，逆基準性

1　企業会計のトライアングル体制

　企業は，財務諸表を中心とする会計情報を作成して，これを外部の利害関係者に提供します。これを会計情報の開示（disclosure）といいます。このような企業会計の領域を財務会計といい，内部管理目的の管理会計と区別されるということは，第1章で述べました。ともかく，企業会計にはこのような対外的・社会的な役割を果たす領域があり，それに対しては種々の法的規制が加えられます。もし企業が都合の悪い情報を隠蔽したり，実態を都合良く誇張するよう

な情報を作成したりすれば，それにより利害関係者の判断を誤らせるなど，社会の混乱を招くからです。本章では，株式会社に関する企業会計の法的制度のあらましについて説明します。

　日本の企業会計制度は，会社法に基づく会計（会社法会計），金融商品取引法に基づく会計（金融商品取引法会計），税法に基づく会計（税務会計）の3つから構成されています。この3つの会計は，それぞれ相互に密接に関係し，図解すれば次のような三角形で表される体制を形成しています。これをトライアングル体制といいます。

図表6-1　企業会計のトライアングル体制

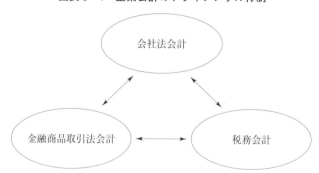

　本章では，以下，それぞれの会計を個別的に説明し，最後に3つの会計の相互関係について考えてみたいと思います。

2　会　社　法　会　計

　従来，株式会社の会計は，商法（および商法特例法）を基本として定められ，「商法会計」とよばれていました。しかし，前章で述べたように，平成17年に会社法が成立し，平成18年5月から施行されています。これ以降，株式会社の会計は，この会社法の規制を受けるようになりました。このため，従来の商法会計は，今後は会社法会計とよばれるようになります。

　会社法は，すべての株式会社に適用されます。したがって，すべての株式会社は，会社法会計を実践しています。会社法会計の基本的な考え方は，株主保護と債権者保護にあります。いうまでもなく，株主とは，その会社に出資をして株式を所有している者であり，債権者とは，その会社に融資等をして会社から返済を受ける権利（債権）を有している者です。株主と債権者が会社の実態を把握できるように，一定の情報（書類）を作成し，それを彼らに開示するのが，会社法会計の主な目的です。

(1) 計算書類等の種類

　会社法会計においてすべての株式会社に作成が義務づけられている書類は，以下のものです。

[計算書類およびその他の書類]　会社法第 435 条，会社計算規則第 59 条第 1 項

① 貸借対照表
② 損益計算書
③ 株主資本等変動計算書　　}　計算書類
④ 個別注記表
⑤ 事業報告
⑥ 附属明細書

　これらのうち，①～④は計算書類とよばれています。③は，貸借対照表における純資産（株式会社では，資産と負債の差額を「純資産」といいます。資本金などの「株主資本」がその中心です。これについては，第 8 章を参照してください）の各項目の期中の増減をまとめた計算書です。株主資本等変動計算書については，第 14 章 3 を参照して下さい。④は，重要な会計方針（重要な会計処理の方法が複数認められている場合に，どの方法を採用したかについての方針）などに関する注記をまとめたもので，会計を補足する情報です。⑤は，株式会社の状況に関する重要事項についての記述的な情報で，会計情報ではあ

りません。⑥は、「有形固定資産及び無形固定資産の明細」・「販売費及び一般
管理費の明細」など、計算書類（多くは貸借対照表）の重要項目についての明
細を示す会計情報です。会社法は、これらの計算書類等の作成方法を、**会社計
算規則**という法務省令に委任し、そこで具体的に規定しています。

　また、大会社（資本金5億円以上または負債総額200億円以上の会社）で、
子会社（株式の過半数所有等を通じて支配下にある会社）を有している場合の
一部の会社には、親会社としての当社と子会社からなる企業集団全体について
の計算書類の作成が求められます。これを**連結計算書類**といいます。これと区
別するために、前述の計算書類を**個別計算書類**とよぶ場合もあります。連結計
算書類の作成が義務づけられるのは、大会社のうち次節で説明する金融商品取
引法上の有価証券報告書を提出する会社（上場会社等）に限定されています。
会社法会計では、個別計算書類が中心に考えられています。連結計算書類の内
容を示せば、以下のとおりです。

　［連結計算書類］　会社法第444条、会社計算規則第61条
　　①　連結貸借対照表
　　②　連結損益計算書
　　③　連結株主資本等変動計算書
　　④　連結注記表

　さらに、株式会社は、期中の一定の日に臨時決算をして、**臨時計算書類**（臨
時貸借対照表、臨時損益計算書）を任意に作成することができますが、これは
強制されるものではありませんので、その説明は省略します。

(2)　計算書類等の監査

　さて、これらの書類が株主や債権者に対して開示される前に、これらが法令
に則って正しく作成されているかどうかを、所定の機関が調査・検討します。
これを**監査**（audit）といいます。監査の制度は株式会社の機関設計によって異

なりますが，公開会社でかつ大会社の場合は，まず監査役会，監査委員会または監査等委員会による監査（業務監査と会計監査）が義務づけられています。さらに，会計監査人（公認会計士または監査法人）による会計監査が要求されます。監査についての詳細は，第11章を参照してください。

(3) 計算書類等の開示

　計算書類等は，監査を経て，取締役会で承認されれば，株主と債権者に対して開示されることになります。会社法会計における計算書類等の開示のしくみは，取締役会設置会社でかつ会計監査人設置会社（大会社など）の場合，以下のように要約されます。

① 　定時株主総会の招集通知に，計算書類，事業報告，連結計算書類が添付されて，株主に直接送付されます（会社法第437条）。この通知は，書面による通知に代えて，株主の承諾が得られれば，電子メールなどによって行うこともできます（同法第299条第3項）。いずれにせよ，株主は，貸借対照表や損益計算書などを株主総会の前に入手し，それらの内容を吟味することができます。

② 　定時株主総会の2週間前（取締役会設置会社の場合）から，計算書類，事業報告，附属明細書が本店で5年分，これらの写しが支店で3年分，それぞれ備え置かれ，株主および債権者に対して閲覧や謄写の機会が提供されます（同法第442条）。附属明細書が開示されるのはここにおいてだけです。また，ここでは，株主だけでなく債権者に対しても開示が行われます。

③ 　計算書類，事業報告，連結計算書類が株主総会に提出されます。事業報告と連結計算書類は，報告するだけでよく，株主総会での承認を必要としません。（個別）計算書類については，株主総会で審議され，株主の承認（議決権の過半数による決議）が必要となります（同法第438条，第444条第7項）。

④ 　株式会社は，定時株主総会の終了後，遅滞なく貸借対照表またはその要

旨を公告しなければなりません。大会社の場合は，さらに損益計算書また
はその要旨も公告しなければなりません。これは，一般に決算公告とよば
れています。決算公告は，官報か毎日発刊されている新聞になされます
が，自社のホーム・ページを通じてインターネット上で公告してもかまい
ません。なお，次に述べますが，金融商品取引法適用会社は，財務諸表が
含められる有価証券報告書を EDINET というインターネット上の開示シ
ステムによって開示しています。その場合には，会社法上の決算公告は省
いてよいとされています（同法第440条第4項）。**図表6-2**に，実際の決算
公告を例示します。

［補論］　会社法会計の2つの機能－情報提供機能と利害調整機能－

　計算書類の開示の③について補足します。株主から経営を委任された経営者
（取締役など）の重大な経営判断の誤りにより巨額の損失が計上されたような場
合には，株主が総会でその結果としての計算書類を承認せず，経営者に対して
損害賠償を求めるということもありえます。会社法会計は，一方的に情報提供
（報告）する機能を果たしているだけではありません。経営者の責任を解除する
かどうかを株主に問い，株主と経営者との間の利害を調整する機能も果たして
いるのです。ただし，大会社等の会計監査人設置会社の場合には，企業活動は
複雑であり，計算書類の妥当性を株主が判断することは困難です。したがって，
その場合には，計算書類が，監査役会，監査委員会，または，監査等委員会の
監査，および，会計監査人の監査で適正との意見が表明され，取締役会で承認
されれば，株主総会では承認は不要で，報告するだけでよいということになっ
ています（会社法第439条）。
　会社法会計が果たす利害調整としては，ほかに，株主と債権者との利害調整
があります。これは，「剰余金の分配可能額」（配当等の上限額）の計算に表わ
れます（同法第461条）。株主には，剰余金の配当等を受ける権利がありますが，
剰余金の配当等は会社財産の社外流出を伴いますので，債権者の利益を損ない
ます。第5章で述べたように，株式会社は有限責任制の会社であり，会社財産
のみが債権者にとっての担保だからです。「剰余金の分配可能額」の計算は，会
社財産の社外流出を制限し，株主と債権者の利害を調整する機能を果たすので
す。

図表6-2　決算公告の例

dentsu

第159期決算公告
平成20年6月28日

東京都港区東新橋一丁目8番1号
株式会社 電通
代表取締役社長 髙嶋 達佳

貸借対照表の要旨（平成20年3月31日現在）

（単位：百万円）

科　目	金　額	科　目	金　額
（資産の部）		（負債の部）	
流動資産	525,974	流動負債	503,245
現金及び預金	39,247	支払手形	43,463
受取手形	16,990	買掛金	348,934
売掛金	393,375	短期借入金	61,438
その他	78,791	役員賞与引当金	287
貸倒引当金	△2,429	債務保証損失引当金	2,179
固定資産	586,783	その他	46,941
有形固定資産	228,766	固定負債	117,694
建物	71,232	長期借入金	81,287
土地	152,867	退職給付引当金	18,036
その他	4,666	その他	18,369
無形固定資産	21,263	負債合計	620,939
投資その他の資産	336,753	（純資産の部）	
投資有価証券	81,434	株主資本	494,672
関係会社株式	202,911	資本金	58,967
その他	55,480	資本剰余金	61,594
貸倒引当金	△2,789	資本準備金	60,899
投資損失引当金	△283	その他資本剰余金	694
		利益剰余金	381,032
		利益準備金	722
		その他利益剰余金	380,309
		自己株式	△6,921
		評価・換算差額等	△2,853
		その他有価証券評価差額金	4,848
		繰延ヘッジ損益	521
		土地再評価差額金	△7,179
		純資産合計	491,819
資産合計	1,112,758	負債純資産合計	1,112,758

損益計算書の要旨（自 平成19年4月1日 至 平成20年3月31日）

（単位：百万円）

科　目	金　額
売上高	1,585,982
売上原価	1,369,289
売上総利益	216,692
販売費及び一般管理費	180,410
営業利益	36,281
営業外収益	15,379
営業外費用	4,319
経常利益	47,341
特別利益	8,920
特別損失	17,397
税引前当期純利益	38,865
法人税、住民税及び事業税	13,873
法人税等調整額	459
当期純利益	24,533

（ご参考）連結貸借対照表の要旨（平成20年3月31日現在）

（単位：百万円）

科　目	金　額	科　目	金　額
（資産の部）		（負債の部）	
流動資産	641,002	流動負債	527,504
現金及び預金	71,578	支払手形及び買掛金	430,709
受取手形及び売掛金	502,791	短期借入金	10,289
その他	71,504	役員賞与引当金	585
貸倒引当金	△4,871	その他	85,919
固定資産	610,909	固定負債	133,547
有形固定資産	253,038	長期借入金	81,324
建物及び構築物	88,141	退職給付引当金	30,544
土地	158,868	その他	21,678
その他	6,027	負債合計	661,051
無形固定資産	41,783	（純資産の部）	
投資その他の資産	316,087	株主資本	574,243
投資有価証券	249,684	資本金	58,967
その他	67,775	資本剰余金	61,586
貸倒引当金	△1,093	利益剰余金	460,444
投資損失引当金	△278	自己株式	△6,754
		評価・換算差額等	△6,950
		その他有価証券評価差額金	4,339
		繰延ヘッジ損益	559
		土地再評価差額金	△7,179
		為替換算調整勘定	△3,550
		新株予約権	0
		少数株主持分	23,567
		純資産合計	590,861
資産合計	1,251,912	負債純資産合計	1,251,912

連結損益計算書の要旨（自 平成19年4月1日 至 平成20年3月31日）

（単位：百万円）

科　目	金　額
売上高	2,057,554
売上原価	1,712,332
売上総利益	345,222
販売費及び一般管理費	289,095
営業利益	56,126
営業外収益	15,057
営業外費用	3,190
経常利益	67,993
特別利益	9,953
特別損失	14,336
税金等調整前当期純利益	63,610
法人税、住民税及び事業税	25,140
法人税等調整額	496
少数株主利益	1,726
当期純利益	36,246

3　金融商品取引法会計

　平成18年6月に，証券取引法・金融先物取引法・投資顧問業法などを統合・再編して**金融商品取引法**（以下，金商法と略称します）が成立しました。金商法は，第1条でこの法律の目的を次のように定めています。「この法律は，企業内容等の開示の制度を整備するとともに，金融商品取引業を行う者に関し必要な事項を定め，金融商品取引所の適切な運営を確保すること等により，有価証券の発行及び金融商品等の取引等を公正にし，有価証券の流通を円滑にするほか，資本市場の機能の十全な発揮による金融商品等の公正な価格形成等を図り，もつて国民経済の健全な発展及び投資者の保護に資することを目的とする。」

　会計の立場からは，**投資者の保護**という点，これが重要です。会社法がすべての株式会社に適用されるのに対して，金商法は，上場会社，1億円以上の有価証券を発行するために届け出をする会社，株主数が1,000人以上の会社などの一部の会社（以下，上場会社等と略称します）に限定して適用されます。したがって，**金融商品取引法会計**（以下，金商法会計と略称します）は，上場会社等が会社法会計とは別に実践している会計です。そして，それは投資者の保護を目的としているのです。投資者とは，上場会社等が発行している株式や社債に投資をしてこれらを現在保有している者（株主・社債権者）だけでなく，これらに将来投資をする可能性のある者も含みますので，一般投資者とか一般投資家ともよばれています。そのような投資者が，株式の売買などをする際の判断材料として情報を提供し投資者を保護する，これが金商法会計の趣旨です。金商法会計では，次に示すように多くの種類の財務諸表の作成が求められますが，それらは，**有価証券報告書**や**四半期報告書**の「経理の状況」に記載されて開示されます（企業内容等の開示に関する内閣府令第15条・18条）。なお，これらの報告書には，「会社の概況」や「事業の概況」などの財務諸表以外の記述的な情報も記載されます。

(1)　財務諸表の種類

　金商法会計では，上場会社等が株式の過半数所有などを通じて子会社を持っている場合，つまり，その会社が親会社である場合には，親会社と子会社からなる企業集団全体に関する財務諸表を作成することが義務づけられています。この財務諸表を**連結財務諸表**といいます。連結財務諸表の詳細については，第14章を参照して下さい。また，親会社単独の財務諸表も作成しなければなりません。これが狭義の財務諸表ですが，これを特に**個別財務諸表**とよび，連結財務諸表との区別を明確にする場合があります。金商法会計において作成される種々の財務諸表の中心は連結財務諸表であり，個別財務諸表はその補助的なものとして位置づけられています。この2つは，1年に1回，正式な決算により作成される財務諸表で，有価証券報告書に記載されます。

　金商法会計では，さらに，3カ月が経過した時点で四半期決算を行い，財務諸表を作成することも義務づけられています。これも，連結ベースと個別ベースの2種類があります。前者が**四半期連結財務諸表**，後者が**四半期財務諸表**（四半期個別財務諸表）です。この2つは，四半期報告書に記載されます。

財務諸表の4つのグループの内容を確認しましょう。

[連結財務諸表]　連結財務諸表規則第2〜6章

① 連結貸借対照表
② 連結損益計算書 ｝ または，連結損益及び包括利益計算書
③ 連結包括利益計算書
④ 連結株主資本等変動計算書
⑤ 連結キャッシュ・フロー計算書
⑥ 連結附属明細表

[財務諸表]　財務諸表等規則第2〜6章

① 貸借対照表
② 損益計算書
③ 株主資本等変動計算書

④　キャッシュ・フロー計算書

⑤　附属明細表

［四半期連結財務諸表］　四半期連結財務諸表規則第2～4章

①　四半期連結貸借対照表

②　四半期連結損益計算書

③　四半期連結包括利益計算書　｝　または，四半期連結損益及び包括利益計算書

④　四半期連結キャッシュ・フロー計算書

［四半期財務諸表］　四半期財務諸表等規則第2～4章

①　四半期貸借対照表

②　四半期損益計算書

③　四半期キャッシュ・フロー計算書

　上の各グループに，「（○○）キャッシュ・フロー計算書」というものがあります。これは，期中のキャッシュ（現金および現金同等物）のフロー（流入・流出）を営業活動・投資活動・財務活動の3つの活動別に要約した計算書で，会社法会計では制度化されていない，金商法会計独自の会計情報です。この詳細については，第14章を参照して下さい。**［財務諸表］**の⑤の「附属明細表」は，会社法会計における「附属明細書」にほぼ相当するものです。なお，金商法会計では，会社法会計における「個別注記表」や「連結注記表」のような独立した表形式をとっていませんが，一連の財務諸表のすぐ後に，重要な会計方針などの注記が記載されます。

　また，平成23年3月決算から，連結財務諸表に「**連結包括利益計算書**」が追加されました。これは，連結損益計算書で計算された当期純利益（実現した利益）に未実現の利益（個別貸借対照表における「評価・換算差額等」；連結貸借対照表における「その他の包括利益累計額」）の当期発生額を加減して，当期に発生したすべての利益要素（包括利益）を計算するものです。なお，連結損益計算書とこの連結包括利益計算書を1つにまとめて，「**連結損益及び包括利益計算書**」を作成することも認められます。このような取扱いは，四半期

連結財務諸表においても同様です。連結包括利益計算書と連結損益及び包括利益計算書については，第14章4を参照してください。

(2)　財務諸表の作成基準

　金商法会計における財務諸表の種類の多様さが確認されたと思います。さて，それらが何を基準として作成されるのか（財務諸表の作成基準），これがきわめて重要です。財務諸表の作成基準には，財務諸表に記載される項目の金額に影響を及ぼす**実質基準**（資産の評価基準など）と，財務諸表項目の分類・表示に関する**形式基準**との2つがあります。会社法会計のところで触れた「会社計算規則」は，実質基準と形式基準を併せたものです。ここで，金商法会計上の主要な基準を紹介しましょう。以下に示す諸基準は，会計学の上級の学習を進めていく場合に深く関係することになります。

[連結財務諸表]

　　実質基準：「連結財務諸表に関する会計基準」

　　形式基準：「連結財務諸表規則」

[財務諸表]

　　実質基準：「企業会計原則」（包括的基準）

　　　　　　　「税効果会計に係る会計基準」「金融商品に関する会計基準」

　　　　　　　「企業結合に関する会計基準」など（個別的基準）

　　形式基準：「財務諸表等規則」

[四半期連結財務諸表]

　　実質基準：「四半期財務諸表に関する会計基準」

　　形式基準：「四半期連結財務諸表規則」

[四半期財務諸表]

　　実質基準：「四半期財務諸表に関する会計基準」

　　形式基準：「四半期財務諸表等規則」

(3)　財務諸表の監査

　金商法会計上のすべての財務諸表は，投資者のために開示される前に，それが適正に作成されているかどうかについて，公認会計士または監査法人による会計監査を受けなければなりません。この監査によって，各財務諸表が企業の実態を適正に表していることが証明されて初めて，投資者は，それを株式の売買などをする際に信頼に足る情報として活用することができるのです。

(4)　財務諸表の開示

　連結財務諸表と（個別）財務諸表が有価証券報告書に，四半期連結財務諸表と四半期（個別）財務諸表が四半期報告書にそれぞれ記載されるということは，すでに述べました。有価証券報告書は決算日後3カ月以内に，四半期報告書は四半期決算日後45日以内に，それぞれ内閣総理大臣（窓口は所轄の財務局）に提出されます（金商法第24条，第24条の4の7）。そして，これらの報告書は，平成16年6月から，**EDINET**（Electronic Disclosure for Investors' NETwork）という電子開示システムを通して提出され，また，インターネット上で一般に開示されるようになりました。現在，有価証券報告書や四半期報告書は，金融庁のウェブ・サイト（http://info.edinet-fsa.go.jp/）を通じて誰でも閲覧することができます。

4　税　務　会　計

　企業活動の結果，利益が獲得されると，それに対して法人税を中心とする税金が課せられます。課税の対象となるのは，正確には利益そのものではなく，それに調整を施したもので，これを**課税所得**といいます。この課税所得に税率を乗じて法人税等の納税額が計算されます。課税所得と納税額を計算するための会計が，税務会計です。税務会計は，法人税法・法人税法施行令・法人税法施行規則・法人税基本通達などによって規制され，すべての株式会社がこれにしたがっています。税務会計は，課税当局に対する単なる情報提供を行う会計

ではなく，課税当局と企業との間の「取るか取られるか」の利害の調整（利害の線引き）を行う会計です。

課税所得は，1期間中に発生した「益金」から同期間に生じた「損金」を差し引いて計算されます。この計算は，会社法上確定した決算に基づいて行うこととされています（法人税法第74条第1項）。これを**確定決算主義**といいます。確定決算主義は，日本の企業会計に大きな影響を及ぼしていますが，それについては，次節で改めて述べることにします。

課税所得の計算は，具体的には「確定申告書」の上で行われますが，益金・損金の額は，税法上の「別段の定め」がある場合を除いて，会社法会計上の収益・費用の額とされます。「別段の定め」がある場合には，収益・費用の金額に加算や減算の調整（税務調整）が施され，益金・損金の額が計算されます。したがって，課税所得は，会計上の利益（税引前当期純利益）とは必ずしも一致しません。この基本的な関係を算式で表せば，次のようになります。

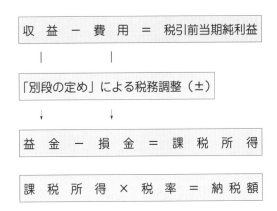

税務会計の要点は，「別段の定め」による税務調整にあります。この税務調整の内容や税務会計の詳細については，第13章を参照してください。

5　3つの会計の相互関係−トライアングル体制の考察−

　以上，会社法会計，金商法会計，税務会計のあらましを個別的に説明してきましたが，本章のまとめとして，これら3つの会計の相互関係を吟味し，企業会計のトライアングル体制について改めて考察してみたいと思います。

(1)　会社法会計と税務会計の関係

　先ほど述べたように，課税所得の計算は，会社法会計の確定決算に基づいて行われます。これを確定決算主義といいました。したがって，会社法会計が税務会計を規定するといえそうです。しかし，実際は必ずしもそのとおりではありません。会社法会計で適用される会計処理法のすべてが税法によって認められているわけではないからです。会計上の収益・費用の額が課税所得計算上の益金・損金の額とずれる場合には，税務調整をしなければなりません。企業は，一般に，手続の簡素化のためできるだけ税務調整の量を抑制したいと考えます。また，企業は，認められた範囲内で納税額を節約したいとも考えがちです。したがって，税務上，複数の会計処理法が認められている場合，企業は，そのうち課税所得が小さく計算され，その結果，納税額が節約される方法を採用する傾向があります。

　このように，企業は，往々にして税務上の計算を先に考えて，会計上の方法を決定しようとするのです。実務においては，むしろ税務会計が会社法会計を逆に規定するという反作用の現象が生じているともいえます。確定決算主義のもとでの税務会計のこのような特性は，逆基準性といわれています。いずれにせよ，会社法会計と税務会計とは互いに密接な関係でつながっているのです。

(2)　会社法会計と金商法会計の関係

　すべての株式会社は会社法会計を行っていますが，上場会社等の場合は，さらに金商法会計も行います。つまり，上場会社等は財務諸表を2セット作成し

ているのです。会社法会計による財務諸表（計算書類）は，株主総会に提出されるなど，所定の方式で株主および債権者のために開示され，また，金商法会計による財務諸表は，内閣総理大臣宛で財務局に提出され，EDINET を通じて一般の投資者のために電子開示されます。これについては，すでに述べました。

さて，これら2セットの財務諸表は，はたしてどのような関係にあるのでしょうか。ここで両会計における財務諸表の種類を再確認してください。財務諸表の種類は，金商法会計の場合の方が会社法会計の場合よりも多く，前者が後者を包摂する関係にあります。そして，個別の貸借対照表・損益計算書など両会計で共通している財務諸表の内容は，同一です。例えば，当期純利益の金額も同額です。商法会計（会社法会計の前身）と証券取引法会計（証取法会計；金商法会計の前身）では表記など一部に相違するところがありましたが，徐々に調整がはかられ，現行の会社法会計と金商法会計では，実質・形式とも同じになりました。

会社法および会社計算規則は，株式会社の会計関連の規定を網羅的に設けてはいません。具体的に規定していない問題については，「一般に公正妥当と認められる企業会計の慣行に従うものとする」と定めています（会社法第431条）。この「一般に公正妥当と認められる企業会計の慣行」とは，金商法会計上の既述の「企業会計原則」や各種の個別的会計基準などを意味すると一般に解釈されています。近年のいわゆる一連の会計ビッグ・バン（会計制度の大変革）は，証取法会計制度およびその後の金商法会計制度の変革として推進されてきましたが，その影響は旧商法会計そして会社法会計にも大きく及びました。今日，会社法会計と金商法会計は，両者に共通する部分に関する限り，その内容は同一と考えてかまいません。

(3) 金商法会計と税務会計の関係

さて，最後に，金商法会計と税務会計が，どのような関係にあるのか考えてみましょう。税務会計は会社法会計を基礎としていますので，金商法会計とは

直接的には関係しません。しかし，先ほど述べたように，会社法会計と金商法会計とは，共通部分に関して実質一元化の関係にあり，近年は特に金商法会計が会社法会計をリードしてきています。したがって，現実には，金商法会計が，会社法会計を介して税務会計に影響を及ぼしています。また，税務会計が，その逆基準性により，会社法会計を介して金商法会計に影響を及ぼしてもいます。このように，日本の企業会計では，金商法会計と税務会計とは，間接的にではありますが相互に関係しているのです。そして，これによって，3つの会計が相互につながり合い，トライアングル体制が構築されているのです。

　ただし，近年，税務会計では，適正な課税の実現という税法固有の観点から，従来認めていた旧商法会計・旧証取法会計の一部の方法を廃止あるいは制限するなどの変化がみられました。また，金商法会計では，特に国際化の影響により，今後一層の制度変革が進行し，将来的には，会社法会計・税務会計から独立した方向に向かう可能性もあります。このような動向の進展によっては，日本の企業会計制度は今後大きく変容していくかもしれません。

本章の復習問題

1　会社法会計の基本的目的とそれが適用される会社について述べなさい。

2　会社法会計における計算書類等の開示について述べなさい。

3　金融商品取引法会計の基本的目的とそれが適用される会社について述べなさい。

4　金融商品取引法会計における財務諸表の開示について述べなさい。

5　税務会計における課税所得の計算について述べなさい。

6　確定決算主義と税務会計の逆基準性について述べなさい。

7　日本の企業会計制度におけるトライアングル体制について要約的に述べなさい。

第7章

損益計算書のしくみ

本章のポイント

　企業の一定期間における経営成績を明らかにするのが損益計算書です。本章では，収益・費用の分類，損益計算書の各計算区分と各表示項目の内容，損益計算の考え方などについて学びます。

　キー・ワード：報告式，売上総利益，営業利益，経常利益，当期純利益，当期業績主義，包括主義，実現主義，現金主義，発生主義，収支主義

1　損益計算書の意義

　第2章で示したように，**損益計算書**は，一定期間において発生した収益・費用を対照表示して，企業の一定期間に関する経営成績を明らかにする計算書です。第2章で示した損益計算書のフォームは，借方に費用，貸方に収益を示す勘定式でしたが，次のような報告式によるものもあります。

損 益 計 算 書

自平成×年×月×日　至平成×年×月×日

売上高		1,000,000
売上原価	（−）	600,000
売上総利益		400,000
販売費及び一般管理費	（−）	150,000
営業利益		250,000
営業外収益	（＋）	30,000
営業外費用	（−）	21,000
経常利益		259,000
特別利益	（＋）	14,000
特別損失	（−）	9,000
税引前当期純利益		264,000
法人税、住民税及び事業税	（−）	105,600
当期純利益		158,400

(注)　上記の損益計算書は概要を示したもので，実際は後述する3
　　　営業損益計算，4経常損益計算，5純損益計算で示すように，
　　　個々の表示科目に細分化して表示します。

費用収益の対応表示の観点からは勘定式が優れていますが，報告式には，会計の知識が乏しい者にとってもわかりやすいという長所があります。なお，金融商品取引法会計では，損益計算書は報告式であることが財務諸表等規則により規定されています。これに対して，会社法会計では特に様式は定められていませんが，報告式によるのが一般的です。

2　収益・費用の分類と計算区分

損益計算書では，収益を売上高，営業外収益，特別利益の3つに分類して表示し，費用を売上原価，販売費及び一般管理費，営業外費用，特別損失の4つに分類して表示します。

これらの収益および費用は，営業活動との関連性や発生の経常性によって分

類されています。そして，分類別の収益から費用を差し引くことによって利益
を計算表示します。

　利益の計算表示は，営業損益計算，経常損益計算，純損益計算の3つの計算
区分を設けて，計算区分ごとに段階的に行います。すなわち，営業損益計算で
は**売上総利益・営業利益**，経常損益計算では**経常利益**，純損益計算では**税引前
当期純利益・当期純利益**を計算表示します。

3 営業損益計算

　営業損益計算の区分では，まず，売上高から売上原価を差し引いて売上総利
益を計算表示します。次に，売上総利益から販売費及び一般管理費を差し引い
て営業利益を計算表示します。なお，2つ以上の営業を目的とする企業では，
その費用および収益を主要な営業別に区分して記載します。

売 上 高	1,000,000	
売上原価		
商品期首たな卸高	65,000	
当期商品仕入高	604,000	（＋）
合 計	669,000	
商品期末たな卸高	69,000	上記合計額から（－）
商品売上原価	600,000	売上高から（－）
売上総利益	400,000	
販売費及び一般管理費		
広告宣伝費	60,000	
減価償却費	90,000	（＋）
販売費及び一般管理費合計	150,000	売上総利益から（－）
営 業 利 益	250,000	

(1) 売　上　高

売上高は，総売上高から売上値引と売上戻りを差し引いた純売上高を表示し

ます。売上値引とは，販売した商品等に量目不足・品質不良・破損などの理由
による販売価額の減額をいいます。売上戻りとは，販売した商品等の返品を受
けることをいいます。

　なお，企業が商品等の販売と役務の給付とをともに主たる営業とする場合に
は，商品等の売上高と役務による営業収益を区別して記載します。

(2)　売　上　原　価

　売上原価は，当期中に売り上げられた商品の原価または製品の原価です。商
業の場合には，商品期首たな卸高に当期商品仕入高を加え，これから商品期末
たな卸高を控除する形式で表示し，製造業の場合には，製品期首たな卸高に当
期製品製造原価を加え，これから製品期末たな卸高を控除する形式で表示しま
す。

（製造業の場合）

売上原価		
製品期首たな卸高	51,000	
当期製品製造原価	610,000	（＋）
合計	661,000	
製品期末たな卸高	48,000	（－）
製品売上原価	613,000	

(3)　売　上　総　利　益

　売上総利益は，売上高から売上原価を差し引いた額で，赤字（マイナス）で
ある場合には「売上総損失」として計算表示します。

　売上総利益は，粗利ともよばれ，経営管理において売上総利益率（＝売上総
利益／売上高，粗利益率ともいいます。）は，しばしば重視されます。例えば，
ある注文を引き受けるかどうかを決定するときに，粗利益率○％を確保できる
か否かを判断基準とすることが少なくありません。

(4)　販売費及び一般管理費

　販売費及び一般管理費とは，売上原価以外の販売及び一般管理業務に関して発生した費用をいい，一括して営業費ともいいます。販売費は，商品等の販売活動によって発生する費用で，例えば，販売手数料，広告宣伝費などがこれに属します。一般管理費は，一般管理業務に関して発生した費用で，例えば，給料，保険料などがこれに属します。このように販売費と一般管理費は，理論的には区別できますが，実際には区別が難しいことが多いため，両者を一括して表示します。

(5)　営　業　利　益

　営業利益は，売上総利益から販売費及び一般管理費を差し引いた額で，赤字である場合には「営業損失」として計算表示します。

　営業利益は，企業の主たる営業活動から生じた利益，いいかえれば，本業による利益を示します。そのため，営業利益や売上高営業利益率（＝営業利益／売上高）の期間比較や企業間比較によって，その企業の本業がうまくいっているか否かを判断することができます。

4　経常損益計算

　経常損益計算の区分では，営業利益に営業外収益を加え，これから営業外費用を差し引いて経常利益を計算表示します。営業外損益は，営業活動以外の活動から生じる損益で，毎期経常的に発生する損益です。

営 業 利 益	250,000	
営業外収益		
受 取 利 息	2,000	
有価証券利息	15,000	（＋）
受 取 配 当 金	13,000	（＋）
営業外収益合計	30,000	営業利益に（＋）
営業外費用		
支 払 利 息	6,000	
社 債 利 息	10,000	（＋）
有価証券評価損	5,000	（＋）
営業外費用合計	21,000	営業利益から（－）
経 常 利 益	259,000	

(1) 営 業 外 収 益

　営業外収益は，企業の営業活動以外から発生した収益で経常的に発生するものをいい，そのほとんどは，企業の財務活動から発生した収益です。

　営業外収益に分類される収益としては，例えば，次のようなものがあります。

① 受取利息

② 有価証券利息

③ 受取配当金

④ 売買目的有価証券売却益・評価益

(2) 営 業 外 費 用

　営業外費用は，企業の営業活動以外から発生した費用で経常的に発生するものをいい，そのほとんどは，企業の財務活動から発生した費用です。

　営業外費用に分類される費用としては，例えば，次のようなものがあります。

① 支払利息

② 社債利息

③ 売買目的有価証券売却損・評価損

④　社債発行費償却

なお，上記のほか，今日において営業外損益項目として重要なのが，外貨建取引に伴って発生する為替差損益（為替相場の変動による利益・損失）です。

(3)　経　常　利　益

経常利益は，営業利益に営業外収益を加えた額から営業外費用を差し引いた額で，赤字である場合には，「経常損失」として計算表示します。

経常利益は，企業の経常的な利益を示し，短期的な業績もしくは正常な収益力を示す利益として最も重視されます。投資家が投資するか否かを決定する際に，経常利益の期間比較・企業比較がしばしば行われますし，新聞報道などにおいても企業の経常利益が大きく取り上げられることが少なくありません。

5　純　損　益　計　算

純損益計算の区分では，まず，経常利益に特別利益を加え，これから特別損失を差し引いて税引前当期純利益を計算表示します。次に，税引前当期純利益から当期の負担に属する法人税額・住民税額・事業税額を差し引いて当期純利益を計算表示します。

経 常 利 益	259,000	
特 別 利 益		
固定資産売却益	11,000	
負ののれん発生益	3,000	（＋）
特 別 利 益 合 計	14,000	経常利益に（＋）
特 別 損 失		
投資有価証券売却損	2,000	
減 損 損 失	7,000	（＋）
特 別 損 失 合 計	9,000	経常利益から（－）
税引前当期純利益	264,000	
法人税, 住民税及び事業税	113,000	
法人税等調整額	7,400	（－）
法人税等合計	105,600	税引前当期純利益から（－）
当期純利益	158,400	

(1)　特　別　損　益

　特別損益（特別利益および特別損失）の内容は，臨時損益です。臨時損益とは，経常的でない，すなわち臨時的・偶発的に生じた損益であり，例えば次のようなものがあります。

① 　固定資産売却損益

② 　転売以外の目的で取得した有価証券（投資有価証券）の売却損益

③ 　災害による損失

　なお，特別損益に属する項目であっても，金額の僅少なものまたは毎期経常的に発生するものは，経常損益計算に含めることができます。

(2)　法　人　税　等

　法人税等は，当期の利益に課せられる法人税，住民税および事業税の額をいい，経常費用にも特別損失にも属さない特殊な費用と考えられます。

　また，法人税等の更正決定等による追徴税額および還付税額は，税引前当期

純利益に加減して表示します。この場合，当期の負担に属する法人税額等とは区別して，法人税等の次に法人税等追徴税額（または還付税額）を区分表示することを原則としますが，重要性の乏しい場合には，当期の負担に属するものに含めて表示することができます。

　また，数値例では，法人税等から減算する法人税等調整額がありますが，これについては第13章の税効果会計のところで説明します。

(3)　当 期 純 利 益

　経常利益に特別利益を加えた額から特別損失を差し引いた額を税引前当期純利益といいます。そして，この税引前当期純利益から法人税等を差し引いた額が当期純利益であり，赤字である場合には，「当期純損失」として計算表示します。

　当期純利益は，企業の一会計期間における最終的な利益を示します。そして，これを株主への配当として分配することができることから，当期純利益は，原則として，分配可能な期間利益を表しています。

6　当期業績主義と包括主義

　以上，損益計算書の計算区分ごとに表示される収益・費用と計算表示される期間利益について説明しました。ここで，損益計算書との関連で，当期業績主義と包括主義という，期間利益についての異なる考え方があります。

　当期業績主義とは，期間利益が当期の正常な収益力を示すべきとする考え方です。この考え方によると，損益計算書の最終的な数値は経常利益とされ，特別損益，法人税等は損益計算書から除外されることになります。

　包括主義とは，当期に認識されたすべての収益・費用によって期間利益を算定すべきとする考え方で，その主な論拠は次のとおりです。

　①　ある項目を営業外損益として扱うか特別損益として扱うかの判断に際して，主観が介入しやすい。

②　臨時損益を損益計算から除外することは，利益操作や利益平準化の手段
になる危険がある。

③　企業の収益力は，短期的な業績だけでなく，臨時に発生する損益なども
含めた利益の数期間の平均的な趨勢に基づいて判断すべきである。

7　損益計算書の課題－収益・費用の認識と測定－

損益計算において，収益および費用をいつの時点で計上するか，いくらの額
で計上するかという問題があります。前者が収益・費用の認識（recognition）の
問題で，後者が収益・費用の測定（measurement）の問題です。

(1)　収益・費用の認識

製造業において収益を獲得するプロセスを分析すると，生産を開始して材料
を加工して製品を作り，これを販売して代金を回収するという一連の活動によ
って収益が獲得されていることがわかります。すなわち，収益は一時に獲得さ
れるのではなく，一連の営業プロセスにおいて漸次に獲得されていくもので
す。

これらのプロセスのうち，どの段階で収益を認識するかが問題になります
が，これについては，次の3つの基準があります。

図表7-1　収益の認識基準

実現主義（realization principle）とは，製品や商品の販売時点，あるいは役務の
提供時点で収益を認識する基準で，販売基準（sales basis）ともよばれます。商

品等が販売されて初めて収益を客観的な金額として把握できることが通常であるため，計算の確実性を重視して，販売時点で収益を認識する考え方で，伝統的な収益の認識基準です。

　現金主義（cash basis）とは，代金回収時点で収益を認識する基準です。この現金主義によると，販売が行われても代金を回収しないうちは収益を認識しません。そのため，計算の確実性という観点からは最も確かな収益の認識基準といえますが，企業の販売活動を収益計算に反映しないため，期間的経営成績を正しく示すことが出来ない欠点があります。よって，現金主義は，現在の会計において，一部の販売形態に例外的に適用されるに過ぎません。

　発生主義（accrual basis）とは，製品等の生産の完了または進行に伴って収益を認識する基準です。一般的な収益の認識基準である実現主義の適用が妥当でない場合に，発生主義を適用することがあります。例えば，建設業や造船業では，請負価額が契約によって確定しているため，生産段階で既に計算の確実性は確保されていると考えられます。しかも，完成までの期間が長期にわたりますから，相手方への完成引渡時に収益を計上するのでは，かえって企業の経営成績が正当に示されないおそれがあります。そこで，このような長期の請負工事のうち計算の確実性が確保されるものについての収益認識は，発生主義を適用します。そして，これを工事進行基準といいます。工事進行基準とは，決算期末に工事進行程度を見積り，適正な工事収益率によって工事収益の一部を当期の損益計算に計上する方法をいいます。

　以上が従来の収益認識基準ですが，新たな「収益認識に関する会計基準」では，収益を契約上の履行義務を充足したときに認識することとしています。そして，そのために①顧客との契約を識別する，②契約における履行義務を識別する，③取引価格を算定する，④契約における履行義務に取引価格を配分する，⑤履行義務を充足した時に又は充足するにつれて収益を認識するというステップを適用します。

　次に，費用は，一般的に発生主義によって，財貨または役務の消費という事実に基づいて認識します。また，重要性の低い費用の認識について，簡便的な

認識基準として現金主義が適用される場合もあります。

(2)　収益・費用の測定

　収益および費用の測定基準は，収支主義を原則としています。収支主義とは，実際の取引において定められた収入額または支出額に基づいて収益または費用を測定する基準であり，取引価額主義とよぶこともあります。

本章の復習問題

1　損益計算書の計算区分について説明しなさい。

2　当期の損益計算書の各科目合計額は次のとおりであった。売上総利益，営業利益，経常利益，税引前当期純利益，当期純利益を算定しなさい。

営業外収益合計	¥90,000	特別利益合計	¥40,000
売上高	¥1,000,000	販売費及び一般管理費合計	¥150,000
特別損失合計	¥50,000	商品売上原価	¥600,000
営業外費用合計	¥80,000	法人税等合計	¥100,000

3　当社の次の資料に基づいて商品売上原価の額を算定しなさい。

　　商品期首たな卸高　¥200,000　　当期商品仕入高　¥2,500,000

　　商品期末たな卸高　¥150,000

4　売上総利益について説明しなさい。

5　営業利益について説明しなさい。

6　経常利益について説明しなさい。

7　当社の次の資料に基づいて当期純利益の額を算定しなさい。

　　法人税等　¥210,000　　法人税等調整額　¥22,000（法人税等に加算）

　　税引前当期純利益　¥580,000

8　当期純利益について説明しなさい。

9　当期業績主義と包括主義について説明しなさい。

10　収益の認識における実現主義と発生主義について説明しなさい。

第8章

貸借対照表のしくみ

本章のポイント

　企業の一定時点における財政状態を明らかにするのが貸借対照表です。本章では，貸借対照表項目の区分と配列や各表示項目の内容などについて学びます。

　キー・ワード：正常営業循環基準，１年基準，流動性配列法，固定性配列法，流動資産，固定資産，繰延資産，流動負債，固定負債，株主資本，評価・換算差額等，株式引受権，新株予約権，原価基準，時価基準，低価基準

1　貸借対照表の意義

　第２章で述べたように，**貸借対照表**は，一定時点における資産・負債・資本の有高を示して，企業の一定時点における**財政状態**を明らかにする計算書です。貸借対照表のフォームは，第２章で示した勘定式のほか，報告式によるものもあります。

(1)　勘定式貸借対照表

貸 借 対 照 表

平成×年×月×日現在

（単位：円）

科　目	金　額	科　目	金　額
（資産の部）		（負債の部）	
流動資産	600,000	流動負債	300,000
固定資産		固定負債	500,000
有形固定資産	650,000	負債合計	800,000
無形固定資産	150,000	（純資産の部）	
投資その他の資産	100,000	株主資本	
繰延資産	50,000	資本金	400,000
		資本剰余金	100,000
		利益剰余金	180,000
		自己株式	△ 10,000
		評価・換算差額等	30,000
		株式引受権	10,000
		新株予約権	40,000
		純資産合計	750,000
資産合計	1,550,000	負債・純資産合計	1,550,000

(2)　報告式貸借対照表

貸 借 対 照 表

平成×年×月×日

（単位：円）

資産の部	
流動資産	600,000
固定資産	
有形固定資産	650,000
無形固定資産	150,000
投資その他の資産	100,000
固定資産合計	900,000
繰延資産	50,000
資産合計	1,550,000
負債の部	
流動負債	300,000
固定負債	500,000
負債合計	800,000
純資産の部	
株主資本	
資本金	400,000
資本剰余金	100,000
利益剰余金	180,000
自己株式	△ 10,000
株主資本合計	670,000
評価・換算差額等	30,000
株式引受権	10,000
新株予約権	40,000
純資産合計	750,000
負債純資産合計	1,550,000

　（注）　上記の貸借対照表は概要を示したもので，実際は後述
　　　　する，3資産の部，4負債の部，5純資産の部で示す
　　　　ように，個々の表示科目に細分化して表示します。

金融商品取引法会計においては，財務諸表等規則の定めによって報告式の貸

借対照表が作成されますが，会社法会計においては，一般に，勘定式の貸借対
照表が作成されます。

2　貸借対照表項目の区分と配列

　貸借対照表は，勘定式・報告式のいずれにおいても，資産は**流動資産**（current assets）と**固定資産**（fixed assets）などに分類され，負債についても**流動負債**（current liabilities）と**固定負債**（fixed liabilities）に分類されています。このように資産および負債は流動・固定の区分に分けられ，それぞれその順序で配列されます。

(1)　流動・固定の区分基準

　流動・固定の区分基準には，2つの異なる考え方があります。1つは，決算日の翌日から起算して1年以内に代金回収または支払期限が到来する資産・負債を，流動資産・流動負債とする**1年基準**（ワン・イヤー・ルール；one year rule）です。この考え方によると，例えば，1年以内に入金が予定されている売掛金は流動資産とし，入金期日が1年を超える売掛金は固定資産となります。

　これに対して，例えば現金→商品→売掛金→現金という，企業の正常な営業サイクル内の資産・負債を流動資産または流動負債とする**正常営業循環基準**（normal operating cycle basis）という考え方があります。この考え方によると，例えば，売掛金の入金期日が1年を超えても，正常な営業サイクルにかかわるものであれば流動資産となります。

　現行の会計では，流動・固定の区分において正常営業循環基準を主として，1年基準で補完します。すなわち，まず資産・負債を正常営業循環基準によって判定し，正常な営業サイクル内にあるものを流動資産・流動負債とします。次に，正常な営業サイクル内に属さない資産・負債を，1年基準によって判定し，1年以内に代金回収または支払期限が到来するものを流動資産・流動負債とします。

(2)　流動性配列法と固定性配列法

　貸借対照表の資産および負債の配列法には，流動性配列法と固定性配列法の2種類があります。

　流動性配列法とは，流動項目を優先的に配列する方法で，具体的には，資産を流動資産・固定資産・繰延資産の順に，負債を流動負債・固定負債の順に配列します。流動資産と流動負債を対比することによって，企業の短期的な支払能力を判定しやすいことから，通常の場合，流動性配列法によります。

　固定性配列法とは，固定項目を優先的に配列する方法で，具体的には，資産を固定資産・流動資産・繰延資産の順に，負債を固定負債・流動負債の順に配列します。この固定性配列法は，例えば電力会社のような固定資産の割合が高い業種において適用されます。

図表8-1　流動性配列法と固定性配列法

（流動性配列法）		（固定性配列法）	
流動資産	流動負債	固定資産	固定負債
固定資産	固定負債	流動資産	流動負債
繰延資産	純　資　産	繰延資産	純　資　産

3　資　産　の　部

(1)　流　動　資　産

　流動資産は，貸借対照表のフォームに示したように，固定資産と異なって中分類は示されませんが，内容的に，当座資産，棚卸資産，その他の流動資産の3つに分類されます。

図表8-2　流動資産の分類

流動資産	当座資産	現金，預金，受取手形，売掛金，短期貸付金，売買目的有価証券など
	棚卸資産	商品，製品，原材料，仕掛品など
	その他の流動資産	前払費用，未収収益など

　当座資産（quick assets）は，比較的短期間に換金しうる資産をいい，短期的な支払いに充当するものです。そのため，流動負債と比較して企業の短期的支払能力を見ることができます。例えば，当座比率（＝当座資産／流動負債）が100％を超えているかどうかによって，その企業の支払能力が適切な水準かどうかを判断する場合があります。

　棚卸資産（inventories assets）は，商品・製品などのように売却を予定して所有する資産や，売却を予定しない資産であっても，販売目的の財貨または用役を生産するために短期的に消費される原材料等，販売活動および一般管理活動において短期間に消費される事務用消耗品等が含まれます。

　この棚卸資産の有高は，販売活動が好調な場合には減少し，不調な場合には増加する傾向があります。また，棚卸資産が増加すると，それだけ資金が棚卸資産の形で眠ってしまうことになりますし，保管コストも増加することから，資金不足に陥るおそれがあります。そのため，不況時や業績不振時には，棚卸資産を圧縮して過剰在庫や不良在庫を防ぐ必要があります。

(2)　固 定 資 産

　固定資産は，有形固定資産，無形固定資産，投資その他の資産に分類され，それぞれ中分類として区分表示されます。

図表8-3　固定資産の分類

固定資産	有形固定資産	建物，機械装置，船舶，航空機，車両運搬具，土地，建設仮勘定など
	無形固定資産	借地権，特許権，商標権，鉱業権，のれんなど
	投資その他の資産	投資有価証券，長期貸付金，長期前払費用など

　有形固定資産（tangible fixed assets）には，建物，機械装置，船舶，航空機，車両運搬具などのように減価償却の対象となる償却性資産と，土地，建設仮勘定（建物・機械装置等の有形固定資産の建設または制作のための支出）のように減価償却の対象にならない非償却性資産があります。

　企業が設備投資を積極的に行えば，有形固定資産の額が増加しますが，逆に，設備投資を行わなければ減価償却分だけ減少しますし，設備を売却・除却すれば当然に減少します。そのため，好況時には，一般に有形固定資産の額は増加する傾向にあります。しかし，有形固定資産の増加は，棚卸資産と同様に，企業の資金を圧迫する要因になりますので，過剰な設備投資にならないように注意する必要があります。

　無形固定資産（intangible fixed assets）には，借地権，特許権，商標権，鉱業権などのように法律上の権利であるものと，のれん（goodwill）のように法律上の権利ではなく企業結合をしたときに被取得企業の超過収益力を評価したものとがあります。

　近年，M＆A（合併・買収）が頻繁に行われていることから，企業の貸借対照表に計上されるのれんの額が増加する傾向があります。

　投資その他の資産は，投資有価証券，長期貸付金などのように企業外部に対する長期の投資と，長期前払費用のように有形固定資産，無形固定資産のいずれにも分類されない固定資産があります。

　前述のように，企業が売買目的で保有する有価証券は，流動資産に区分表示されます。これに対して，同じ有価証券であっても，長期保有である満期保有

目的債券，関係会社株式のような支配目的で保有する有価証券，その他有価証券は，投資その他の資産に区分表示されます。

(3)　繰　延　資　産

繰延資産（deferred charges）とは，すでに代価の支払が完了しまたは支払義務が確定し，これに対応する役務の提供を受けたにもかかわらず，その効果が将来にわたって発現するものと期待される費用をいいます。これらの費用は，その効果が及ぶ数期間に合理的に配分するため，経過的に貸借対照表に繰延資産として計上することができる項目です。

繰延資産には，株式交付費，社債発行費，創立費，開業費，開発費があり，それぞれ以下のように処理します。

1)　株 式 交 付 費

株式交付費は，新株の発行または自己株式の処分にかかわる費用をいいます。例えば，株式募集のための広告費，金融機関の取扱手数料，その他株式の交付等のために直接支出した費用がこれに該当します。

この株式交付費を繰延資産に計上する場合には，株式交付のときから3年以内のその効果の及ぶ期間にわたって，定額法により償却（資産価額を減少させて費用として処理すること）を行う必要があります。

2)　社 債 発 行 費

社債発行費は，社債の発行にかかわる費用をいい，新株予約権の発行にかかわる費用も含みます。例えば，社債（または新株予約権）募集のための広告費，金融機関の取扱手数料，その他社債発行のため直接支出した費用がこれに該当します。

この社債発行費を繰延資産に計上する場合には，社債の償還までの期間にわたり利息法（複利計算を用いる方法，ただし継続適用を条件として，定額法を採用することができます。）により償却を行う必要があります。また，新株予約権の発行にかかわる費用を繰延資産に計上する場合には，新株予約権の発行のときから，3年以内のその効果の及ぶ期間にわたって，定額法により償却を

行う必要があります。

3）創　立　費

創立費とは，株式会社の法律上の成立までの間に支出された設立費用をいいます。例えば，定款および諸規則作成のための費用，株式募集その他のための広告費等がこれに該当します。

この創立費を繰延資産に計上する場合には，会社の成立のときから5年以内のその効果の及ぶ期間にわたって，定額法により償却を行う必要があります。

4）開　業　費

開業費とは，会社成立後営業開始時までに支出した開業準備のための費用をいいます。例えば，土地・建物等の賃借料，広告宣伝費等がこれに該当します。

この開業費を繰延資産に計上する場合には，会社の成立のときから5年以内のその効果の及ぶ期間にわたって，定額法により償却を行う必要があります。

5）開　発　費

開発費とは，新技術または新経営組織の採用，資源の開発，市場の開拓等のために支出した費用，生産能率の向上または生産計画の変更等により，設備の大規模な配置替えを行った場合等の費用（経常費の性格をもつものを除く。）をいいます。

この開発費を繰延資産に計上する場合には，支出のときから5年以内のその効果の及ぶ期間にわたって，定額法その他の合理的な方法により規則的に償却を行う必要があります。なお，「研究開発費等に係る会計基準」の対象となる研究開発費については，発生時に費用として処理する必要があります。

以上，繰延資産の処理方法について説明しましたが，注意しなければならないのは，繰延資産に計上できる上記の項目は，原則として支出時の費用として処理する必要があるということです。

一般に，繰延資産に計上できる項目は，経営成績や財政状態が良好な企業ほど費用処理する傾向があります。逆に，業績不振の企業ほど，繰延資産が多額になる傾向がありますから注意する必要があります。

4 負 債 の 部

(1) 流 動 負 債

　負債についても資産と同様に，まず正常営業循環基準を適用して，次に1年基準を適用して流動・固定に分類します。流動負債は，貸借対照表において中分類は示されませんが，内容的に，営業債務，営業外債務，その他の流動負債の3つに分類されます。

図表8-4　流動負債の分類

	営業債務	買掛金，支払手形，前受金など
流動負債	営業外債務	未払金，短期借入金など
	その他の流動負債	前受収益，未払費用，修繕引当金など

　営業債務は，企業の主たる営業目的から生じる債務であり，買掛金・支払手形等の仕入債務が代表的項目です。

　営業外債務としての流動負債は，主たる営業目的以外の取引から生じる債務で1年以内に支払期限が到来するものをいいます。これについての代表的項目は，短期借入金・コマーシャル・ペーパー（資金調達目的で発行する約束手形）等の金融取引から生じる債務です。

　その他の流動負債には，前受収益・未払費用などの経過項目や，引当金のうち通常1年以内に使用される見込みのものなどがあります。

　引当金とは，将来の特定の費用または損失であって，その発生が当期以前の事象に起因し，発生の可能性が高く，かつ，その金額を合理的に見積ることができる場合に，当期の負担に属する金額を当期の費用・損失として引当金に繰入れ，当該引当金の残高を貸借対照表の負債の部または資産の部に記載するものです。

　流動負債のうち営業債務および営業外債務は，比較的短期間のうちに支払義

務が到来したり用役を提供する必要がある項目です。そのため，これらの項目は，流動資産または当座資産と比較して，支払義務などを履行することが可能かどうかに注意する必要があります。

(2) 固 定 負 債

固定負債には，長期借入金，社債（社債券を発行する借入）など，1年を超えて支払期限が到来する営業外債務や，退職給付引当金・特別修繕引当金など，通常1年を超えて使用される見込みの引当金があります。

電力会社など巨額の設備投資を必要とする業種は，そのための資金を調達するために固定負債が多くなる傾向があります。

5　純 資 産 の 部

(1) 株 主 資 本

純資産の部は，株主資本と株主資本以外の各項目に区分します。株主資本とは，純資産のうち株主に帰属する部分をいい，資本金，資本剰余金および利益剰余金，自己株式に区分されます。

1) 資 本 金

資本金は，株主による払込資本であり，原則として，株式の発行価額の全額が資本金ですが，発行価額の2分の1以下の額を資本金としないことも認められています。また，会社が発行する株式には，普通株式のほか，剰余金の配当など一定の事項について権利内容等の異なる株式（種類株式）を発行することも認められていますが，その内訳を表示する必要はありません。

2) 資 本 剰 余 金

資本剰余金には，資本準備金とその他資本剰余金があります。

資本剰余金は，株主の払込資本のうち資本金にならなかった部分をいい，その中核が資本準備金です。資本準備金には，株式払込剰余金と合併差益などがありますが，その内訳を表示する必要はありません。

その他資本剰余金には，資本金減少差益・資本準備金減少差益・自己株式処分差益などがあり，原則としてその内訳を表示しませんが，適当な名称を付した項目に細分することができます。また，その他資本剰余金を原資として配当を行う場合には，準備金（資本準備金＋利益準備金）の額が資本金の4分の1（基準資本金額）に達するまで，その他資本剰余金を原資とする配当額の10分の1を資本準備金として積み立てる必要があります。

3）利益剰余金

利益剰余金は，企業活動によって獲得した利益の留保額であり，これには利益準備金とその他利益剰余金があります。

利益準備金は，利益剰余金の社内留保を確実にするために積み立てられるものです。準備金が基準資本金額に達するまで，その他利益剰余金を原資とする配当額の10分の1を利益準備金として積み立てる必要があります。

その他利益剰余金は，利益剰余金のうち企業が自主的に留保している額をいい，これには任意積立金と繰越利益剰余金があります。任意積立金は，定款や株主総会または取締役会の決議に基づいて社内に留保されるもので，配当平均積立金，減債積立金，別途積立金等があります。これらの任意積立金は，その内容を示す科目によって内訳表示し，それ以外の項目を繰越利益剰余金として表示します。

4）自己株式

自己株式とは，自社が発行した株式を取得したものをいいます。自己株式の取得は，実質的な資本減少とみなされるため，保有する自己株式は株主資本の減少項目として表示されます。

(2) 評価・換算差額等

評価・換算差額等には，その他有価証券評価差額金や繰延ヘッジ損益のように，資産または負債を時価評価して貸借対照表に計上しているけれども，当該資産または負債にかかわる評価差額を当期の損益としていない場合の当該評価差額などが含まれます。評価・換算差額等は，その他有価証券評価差額金，繰

延ヘッジ損益等その内容を示す科目をもって表示します。

(3) 株 式 引 受 権

株式引受権とは，取締役等がその職務の執行として株式会社に対して提供した役務の対価として当該株式会社の株式の交付を受けることができる権利で，後述する新株予約権を除くものをいいます。

(4) 新 株 予 約 権

新株予約権とは，株式会社に対して行使することにより当該株式会社の株式の交付を受けることができる権利をいいます。新株予約権の発行会社側から見れば，新株予約権は，将来，権利行使され払込資本となる可能性がある一方，失効して払込資本とはならない可能性もあります。このように，発行者側の新株予約権は，権利行使の有無が確定するまでの間，その性格が確定しませんが，返済義務のある負債ではないため，負債の部でなく純資産の部に表示します。

6 貸借対照表の課題－資産・負債の評価－

貸借対照表において，資産および負債について，いかなる金額をつけるかという評価（valuation）の問題があります。

(1) 資 産 の 評 価
資産を評価する基準には，原価基準，時価基準，低価基準があります。
1) 原 価 基 準
原価基準（cost basis）は，資産の取得に要した価額を基礎に資産を評価する方法です。取得価額は，企業外部の第三者との取引に基づく価額であるから，経営資金の使途を明らかにして会計責任を明確にすることができます。また，原価基準によると，資産の市場価額が上昇しても時価評価して評価益を計上す

ることはないため，資金的裏付に欠ける利益を排除することができます。

以上のような理論的根拠を有するため，原価基準は，今日の企業会計において，継続企業の決算時における原則的評価基準として位置づけられています。

2)　時　価　基　準

時価基準（market price basis）とは，資産の時価によって資産を評価する方法で，継続企業においては原価基準による評価を補完するために適用されます。

時価基準に適用される時価には，正味実現可能価額，再調達原価，割引キャッシュ・フローなどがあります。

正味実現可能価額（net realizable value）は，正味売却価額ともいい，資産の販売価額からアフター・コストを差し引いた価額です。再調達原価（replacement cost）は，同一の資産を新たに購入したと仮定した場合に要するであろう価額をいいます。

割引キャッシュ・フロー（discounted cash flow ; DCF）は，当該資産から得られる収入額を，適当な割引率を用いて現在価値（present value）に割引いた価額です。

3)　低　価　基　準

低価基準（lower of cost or market basis）は，取得原価と時価を比較し，いずれか低い方の額によって資産を評価する方法です。この低価基準は，棚卸資産の評価について適用されます。

(2)　負　債　の　評　価

負債の評価方法は，将来の要支払額によって評価する方法が一般的です。買掛金，支払手形，借入金などは，将来の決済または返済時における要支払額によって評価します。

また，この他に，負債を過去に受け取った収入額によって評価する方法もあります。前受金，預り金，前受収益などがその例です。

さらに，退職給付債務，リース債務などのように，将来の要支払額について適当な割引率を用いて現時点に割引いて負債を評価する方法もあります。

本章の復習問題

1　貸借対照表の意義について説明しなさい。

2　資産および負債についての流動・固定分類について説明しなさい。

3　流動性配列法と固定性配列法について説明しなさい。

4　流動資産について説明しなさい。

5　固定資産について説明しなさい。

6　繰延資産について説明しなさい。

7　流動負債について説明しなさい。

8　固定負債について説明しなさい。

9　株主資本について説明しなさい。

10　評価・換算差額等について説明しなさい。

11　資産評価における原価基準について説明しなさい。

12　資産評価における時価基準について説明しなさい。

13　資産評価における低価基準について説明しなさい。

14　負債の評価方法について説明しなさい。

第9章

財務諸表の分析－会計情報の利用－

本章のポイント

　今日，トヨタ自動車のような巨大企業はもとより，学校法人などの非営利組織（NPO）でも，会計データがさまざまな立場の受け手によって読まれることで，その組織の実態が把握されます。会計データ（特に財務諸表）を基礎に他の情報も駆使して，組織の実態を分析することを財務諸表分析ないし経営分析とよびます。本章では企業の分析を念頭に考えていきます。

　キー・ワード：ステークホルダー，収益性分析，安全性分析，資本利益率（ROI）の分解，企業の社会的責任（CSR）

1　財務諸表分析の視点

(1)　多様化するステークホルダーと財務諸表分析の目的

　財務諸表分析ないし経営分析は，19世紀後半に株式会社の普及および恐慌を要因として，特に銀行などの貸付資本家が企業の支払能力を判断する信用分析として確立しました。その後，経営者や株主，投資家が企業の業績や支払能力を把握するために財務諸表の分析を活用するようになります。

　しかし，今日では，財務諸表を分析する視点はステークホルダー（利害関係者）の立場によってさまざまです。従来は，債権者，株主，潜在的な投資家，

さらに経営者が中心に置かれていましたが，今日では，**企業の社会的責任**（corporate social responsibility : **CSR**）が問われる中で労働組合や従業員，消費者，地域住民，NGO，NPO，政府などにとっても企業の実態を把握するために財務諸表の分析は重要な意味をもってきています。また，このようなステークホルダーとは別に証券会社，格付会社，シンクタンク，大学などの研究者やアナリストが企業を分析しています。

　それでは，このようなステークホルダーはどのような目的で企業を分析するのでしょうか。例えば，債権者（銀行，取引企業など）は，債権の回収可能性や倒産リスクを中心に分析します。株主は，支配株主（大株主）と一般株主では立場が異なりますが，両者とも共通するところは投資の判断として，同様に潜在的な投資家も投資の判断として財務諸表を分析します。なお，近年，英国の金融サービス・市場法のように，情報格差のある一般投資家なども含めた金融サービスの利用者を「金融消費者」とする考えに変わってきています。経営者は，経営管理の判断のために，労働組合や従業員は，賃上や労働条件の改善，労働債権の回収などを目的に企業を分析します。消費者は，欠陥商品などの損害賠償の支払能力や適正な製品価格に関心があります（例えば，1970年代の石油会社の便乗値上げの例）。地域住民（公害の被害者を含む）は，公害などの損害賠償の支払能力や実態把握を目的に分析することになります（例えば，チッソによる水俣病や東京電力による放射能汚染の例）。

（2）　財務諸表分析の方法

　財務諸表を用いて企業を分析することは，計数的に企業の実態を把握できるという点でメリットがあります。例えば，「あの企業は経営が上手く行っている」とか，「すばらしい経営戦略を持っている」といっても，それは定性的な意味でしかありません。ほんとうにそうなのか，定量的な分析で確認することで，定性的な見解を裏付けることができます。また，逆に財務諸表分析をやってみるとそれほど企業の実態がよくないということもあります。

　しかし，財務諸表の分析だけで，企業の実態を把握できるかというとこれ

は，一面的な分析となり，誤った判断となりかねません。そこで，財務諸表の分析を中心にしつつ，**非財務情報**を駆使して，初めて有効な財務諸表分析なり経営分析ができるということになります。

　非財務情報には，さまざまありますが，例えば，経営戦略や経営組織（グループ戦略を含む），労務の状況（労務管理や賃金制度，雇用など），製品の状況，さらには，経済や産業の状況などを用います。財務的情報と非財務的情報を用いて企業の実態を立体的に明らかにすることで，生きた財務諸表分析すなわち企業の実態に迫ることができるようになります。

　さらに，財務諸表分析には，実数で分析する方法と比率で分析する方法があります。**実数分析**によって，かなりのことがわかりますが，**比率分析**は，企業の規模の差を捨象して分析できます。これに加えて，企業を時系列に分析する方法である**タイムシリーズ分析**と企業間の経営を比較する方法である**クロスセクション分析**があります。これらはどれか1つを使用するということではなくそれぞれを組み合わせて分析します。

　また，財務諸表分析には，成長性分析，収益性分析，安全性分析，生産性分析，セグメント分析，内部留保分析（蓄積分析），キャッシュフロー分析などがありますが，次節以下では基本的な指標である収益性の分析と安全性の分析を取り上げることにします。

2　収益性の分析

　貸借対照表の構造からもわかるように，企業は，株主や債権者などから広い意味での資本を調達して，これを運用することで利益を獲得しています。さらに配当などを除いて，獲得した利益を企業内に再投資（蓄積）して企業を拡大していきます。現代の資本主義システムにおける企業は，一定の社会的な規制を受けながらも，競争に駆り立てられ，独占的な企業を目指して，なるべく多くの利益を獲得することを第一義の目的とします。したがって，そこでは，収益性が追求されることになります。

　企業の立場からすれば，利益を獲得するために，多くの資本を投下するより
は，できるだけ少ない資本で多くの利益を獲得できればよいと考えます。これ
が資本の効率性という考え方です。この資本の効率性という考えが，収益性分
析の基本となります。

　この資本の効率性すなわち収益性を把握する最も基本的な指標が**資本利益率**
（return on investment；**ROI**）です。この資本利益率は，次のように投下資本に対
して何％の利益を獲得したかを示す指標です。この資本利益率は，企業にとっ
て収益力の総合的なバロメータとしての意味を持ちます。

> **資本利益率（％）　＝　利益／資本（× 100）**

　＊　なお，フローとストックを対比する場合は，ストックを期中平均（期首と
　　　期末の合計額を2で割る）で算出しますが，簡易的に期末の金額を用いる場
　　　合もあります。

　この分母の総資本を総資産に置き換えた場合，これを**総資産利益率**（return
on assets；**ROA**）とよび，**総資本利益率**と同率になります。

　資本利益率は，次のように分解できます。

> 　　　利益／資本　＝　利益／売上高　×　売上高／資本
> すなわち，資本利益率　＝　売上高利益率　×　資本回転率

　この分解式をみると，資本利益率を高めるための1つの方法として，分解式
の売上高利益率を高めればよいということがわかります。この収益に対する利
幅の率である売上高利益率の高い業種は，例えば，高級品や精密機器を製造販
売する企業，製薬会社，電力会社などが該当します。

　これに対して，もう1つ資本利益率を高める方法があります。それは分解式
の**資本回転率**を高める方法です。すなわち，売上高を増やして資本回転率を高
めて，売上高利益率は高くなくても，なるべく安いものを多く売るといういわ
ゆる薄利多売の考え方です。このような業種は，日用品を扱うスーパーマーケ
ットのような小売業や卸売業などが該当します。資本回転率は，売上高によっ

て資本が何回入れ替わっているかを示しますので，分母の資本を小さくすることでも回転率は高まります。「資産リストラ」によってスリム化した日産などは，この例に該当します。

資本利益率は，分母の資本および分子の利益にどのような資本および利益を採用するかによって，さまざまな資本利益率が考えられます。

例えば，自己資本が当期純利益をどれだけ獲得したかを示す指標が，**自己資本当期純利益率**（return on（stockholders'）equity；**ROE**）です。

> 自己資本当期純利益率（％） ＝ 当期純利益／自己資本（× 100）

この指標は，会社法制定前までは，自己資本＝株主資本＝純資産でしたので**株主資本利益率**と同義でした。しかし，会社法制定後は，株主資本（資本金＋資本剰余金＋利益剰余金－自己株式）＜自己資本（株主資本＋その他有価証券評価差額金＋繰延ヘッジ損益＋土地再評価差額金＋為替換算調整勘定(注)）＜純資産（自己資本＋新株予約権＋非支配株主持分(注)）という考え方に変わりました。そのため，現在の有価証券報告書や決算短信などでは，後者の自己資本が用いられています。

> (注) 為替換算調整勘定と非支配株主持分は，連結貸借対照表に計上される項目で，個別貸借対照表には計上されません。

近年，日本的経営から米国型経営へ移行する企業が多くなった中で，株主重視の指標として ROE を注視する企業や株主が増えました。

また，売上高利益率も分子をどのような利益にするか，回転率も分母をどのような資産にするかで，さまざまな指標が考えられます。

収益性の分析は，資本利益率とその分解式にとどまるものではなく，さらに収益とともに原価も含めた費用の内容を分析することで企業の実態をより明らかにしなければなりません。

図表9-1　資本利益率，売上高利益率，回転率の一例

指　　　標	算　　　式	全業種平均	製造業平均
総資本経常利益率（％）	経常利益／総資本（×100）	2.46	2.24
売上高経常利益率（％）	経常利益／売上高（×100）	3.62	3.09
総資本回転率（回）	売上高／総資本	0.68	0.73

(注) 業種平均の数値（単体・5市場平均）は，『日経 経営指標2011〈全国上場会社版〉』日本経済新聞社，2010年を参照（一部加筆）。

3　安全性の分析

　次に安全性分析について考えてみましょう。安全性の分析は，倒産の危機に晒されているか否かの程度を分析することにあります。これは短期的には支払能力を，長期的には財務の安定性を分析することになります。ところで，倒産の危険は，一般に赤字になったからすぐに起こるというのではなく，企業が支払不能になることで生じます。ですから，例え，企業が黒字であっても，支払いができなくなれば，倒産することになります。これを「黒字倒産」とよびます。もちろん，赤字が長期化すれば，自己資本は減少していき，ついには債務超過となり，資金繰りが逼迫して倒産に至ります。

　さて，企業が倒産するとさまざまなステークホルダーに影響を与えます。例えば，銀行や取引先企業などの債権者は，貸付金や売掛金などを回収できなくなりますし，株主は，投資した資本を失います。さらに従業員は，賃金の未払いに直面するとともに雇用が失われます（この場合，地域住民が雇用されている場合もあります）。政府や地方政府も税金が入らなくなります。また，企業に何らかの損害賠償を求めている消費者や地域住民も賠償額を受け取ることができなくなる可能性があります。企業が倒産すると，このようにさまざまなステークホルダーが影響を受けるのです。そこで，企業が倒産の危険性なく財務的に安定しているかについて分析する必要が生じます。

　安全性には，ストックの分析とフローの分析があります。前者は，貸借対照

表の分析が中心となります。後者は，貸借対照表に加え，損益計算書やキャッシュフロー計算書のフロー情報も利用します。

　貸借対照表あるいはストックの分析における代表的な指標をここでいくつか挙げておきましょう。流動比率は，流動資産が流動負債の何倍あるのかを示す指標ですが，1年以内に支払わなくてはならない流動負債を流動資産でどのくらいカバーしているかがわかります。流動比率は，200％以上がよいといわれますが，これは過去の恐慌や不況のときに200％以上でも実際に破産した企業が多かったので，これを過信することは危険です。また，この流動資産には即時に換金できない棚卸資産などが含まれますので，これらを除いた当座比率も使用されます。

　自己資本比率は，長期的な財務の安定性をみる指標です。自己資本が高ければ，それだけ負債の比率が低いため，返済義務のない自己資本で資金がまかなわれているということがわかります。固定比率は，長期的に資金を拘束する固定資産を自己資本でどの程度まかなっているかを分析する指標です。しかし，通常，自己資本だけでは固定資産をまかなうことは難しいので，自己資本に長期の資金である固定負債も加えて，固定資産をどの程度まかなえているかをみるのが，固定長期適合率です。なお，返済義務のない自己資本と返済義務のある負債との関係をみる指標を負債比率とよんでいます。

図表9-2　安全性の指標の一例

指　　　標	算　　　式	全業種平均	製造業平均
流動比率（％）	流動資産／流動負債（× 100）	129.59	141.60
当座比率（％）	当座資産／流動負債（× 100）	81.85	86.03
自己資本比率（％）	自己資本／総資本（× 100）	40.1	49.72
固定比率（％）	固定資産／自己資本（× 100）	152.07	118.05
固定長期適合率（％）	固定資産／(固定負債＋自己資本)(× 100)	87.21	82.90
負債比率（％）	負債／自己資本（× 100）	149.90	101.07

（注）業種平均の数値（単体・5市場平均）は，『日経 経営指標2011〈全国上場会社版〉』日本経済新聞社，2010年による。

4　財務諸表分析の課題

　みなさんは，消費者（一般株主や一般投資家などの金融サービスの消費者も含む），地域住民，従業員，職業会計人あるいは学生などとして財務諸表分析をさまざまな立場で活用することになるかもしれません。そこで，最後に社会科学としての財務諸表分析の課題を会計および企業の二重性に関連させて少し考えてみましょう。

　会計データや財務諸表は，企業活動に一定の可視性を与えるという優れた特性を持っています。しかし，他方で，エンロンやカネボウの粉飾決算にみるように会計制度の歪みや恣意的な会計政策などによるバイアスを伴う負の特性も持っています。このような会計の特質を分析することを財務諸表分析では，会計分析とよぶ場合がありますが，近年のメディア・リテラシーでいわれるように情報の受け手は，送り手の意図に注意しながら，会計の社会的な意味やその二重性を十分に理解して財務諸表を分析しなければ誤った判断になりかねません。

　これを踏まえて，財務諸表分析の課題は，企業の実態を明らかにすることですが，それはある意味で分析によって企業の「光」と「影」（企業の二重性）を析出して，そこに潜む問題点を発見することにあります。つまり，**社会的責任投資**（social responsibility investment；**SRI**）に適うような良質な製品やサービスを社会に提供して，ディーセント・ワーク（人間的な労働）も含めた労働，人権，環境，腐敗防止などに配慮して利益を上げるという企業の「光」の部分を明らかにするだけでなく，欠陥商品や環境汚染，雇用破壊や労働問題，差別，不当な価格の値上げ，粉飾決算などの反社会的な行動を伴って利益を上げる「影」の部分についても分析する必要があります。その意味から財務諸表分析はさまざまな学問や実践と結びついていく広がりがあります。

　国連のグローバル・コンパクト（GC）は，報告書「思いやりのある者が勝利する」（"Who Cares Wins", December 2004）で，企業，規制当局，会計基準設定団体，投資家，証券アナリスト，会計士などのさまざまな市場関係者に対し

て「環境，社会および企業統治」(Environmental Social and Governance ; ESG) に取組むことを求めています。このような 21 世紀の社会の発展に貢献していくことが，社会科学としての財務諸表分析の課題であり，その地平（視界）を切り開いて行くことになります。

本章の復習問題

1　財務諸表分析は，どのようなことに役立つでしょうか。ステークホルダーの目的や「財務諸表分析の課題」を参考に自分の頭で考えてみなさい。

2　収益性の分析の考え方と主な財務比率について説明しなさい。

3　安全性の分析の考え方と主な財務比率について説明しなさい。

4　次のデータに基づき，各財務比率を自分で算出して，収益性と安全性について簡単に分析してみなさい（財務比率は小数点以下 3 位を四捨五入する）。

企業名	売上高	経常利益	流動資産	流動負債	自己資本	総資産(総資本)
ビール業界平均	1,379,491	81,961	456,591	512,376	557,722	1,600,573
アサヒグループホールディングス	1,472,468	90,546	512,376	573,780	573,473	1,433,652
キリンホールディングス	2,278,473	144,614	834,450	794,096	981,323	2,861,194
	総資本経常利益率(%)	売上高経常利益率(%)	流動比率(%)	総資本回転率(回)	自己資本比率(%)	
ビール業界平均	5.32	5.94	89.11	0.90	34.85	
アサヒグループホールディングス	①	②	③	④	⑤	
キリンホールディングス	⑥	⑦	⑧	⑨	⑩	

(注) 単位：百万円，決算期：2009 年 12 月期，連結データ。
　業種平均の数値（連結）は，『日経 経営指標 2011〈全国上場会社版〉』日本経済新聞社，2010 年を参照（一部修正）。

［算出比率］
　① 6.62，② 6.15，③ 89.30，④ 1.03，⑤ 40.00，⑥ 5.05，⑦ 6.35，⑧ 105.71，⑨ 0.83，⑩ 34.30

［分析のヒント］
　アサヒグループホールディングスとキリンホールディングスの総資本経常利益率と自己資本比率に着目してみよう。両者の総資本経常利益率を分解して，その特徴を考えてみよう。

第10章

会 計 の 国 際 化

本章のポイント

　今日，企業活動はグローバル化し，企業の資金調達も多角化していま
す。このような国境を越えた企業の資金調達のために，国際的な共通の会
計基準が必要となります。国際会計基準の性格も，従来のハーモニゼーシ
ョン（調和化）からコンバージェンス（収斂化・統合化），さらにアドプ
ション（全面適用），そしてエンドースメントへと変貌を遂げつつありま
す。

　**キー・ワード：国際会計基準（IAS），国際会計基準委員会（IASC），
　　　　　　　　　国際会計基準審議会（IASB），ハーモニゼーション，コ
　　　　　　　　　ンバージェンス，証券監督者国際機構（IOSCO），国際
　　　　　　　　　財務報告基準（IFRS），アドプション，エンドースメン
　　　　　　　　　ト，修正国際基準（JMIS）**

1　国際的な会計基準の必要性

　近年，貿易や取引，経営の分野のみならずスポーツの分野でもグローバル・
スタンダードという言葉をよく耳にします。では，なぜ会計基準に国際化が必
要なのでしょうか。その経緯はどのようなものだったのでしょうか。また，国
際化した際のメリットは何でしょうか。さらに，日本の会計基準は国際レベル

と同じ水準に達しているのでしょうか。本章では，これらについて過去・現在・未来の観点から考えていきたいと思います。

　今日，企業活動のグローバル化によって，国境を越えた資金調達が必要になってきています。特にソビエト連邦の崩壊後，かつての東ヨーロッパの旧共産圏国の多くの企業が，西側諸国で株式を公開して資金調達の道を探ろうとしました。近年では BRICs（ブラジル，ロシア，インド，中国等）に代表される新興国の企業が同様な動きを見せています。その際には，外国の証券取引所へ株式を上場しなければなりません。当然ながら，この場合，上場しようとする国の証券取引法等の規制を受けます。ここに共通の会計基準があれば，国内外で，同一内容の**比較可能な財務諸表**を作成することができます。

　また，投資家はグローバルな規模で投資活動を行っています。その際，投資家は，グローバル・スタンダード，すなわち国際的に統一された会計基準に基づいて企業の経営成績や財政状態の良否を判断し，投資活動を行います。共通尺度を持たなければ，企業間の比較や財務内容を理解できず，誤った投資判断に陥る危険性が生じます。

　以上のように考えれば，国内の会計基準が今まで存在してきている理由，および，今日なぜ国際的に統一した会計基準が必要とされているのかの概略を把握することができると思います。それでは，会計基準の国際化の進展についてこれまでの経緯を具体的に説明していきます。

2　国際会計基準委員会（IASC）の活動

　1973 年，国際会計基準委員会（International Accounting Standards Committee；**IASC**）が創設されました。この設立母体は，イギリス，カナダ，アメリカ，オーストラリア，オランダ，（西）ドイツ，フランス，メキシコ，日本の 9 カ国の職業会計士団体です。その設立「趣旨書」（Preface to Statements of International Accounting Standards）には次のように書かれています。

〈目　的〉

　　監査の対象となる財務諸表の作成提示に当たり，準拠すべき諸基準を公
共の利益のために公表し，かつ，これが世界的に承認されることを促進す
ることにある（第2項）。

　この委員会から公表される会計基準が**国際会計基準**（International Accounting
standard ; **IAS**）とよばれているものです。IASC は，1975 年の第 1 号「会計方針
の開示」（Disclosure of Accounting Policies）の公表を皮切りに，2000 年の第 41 号
「農業」を最後に 41 の基準を公表しました。41 の基準の中には廃止されたも
のもありますが，改訂され，現在も有効な基準もあります。

　国際会計基準の特徴は，一言でいえば，「比較的緩やかな国際的調和化（har-
monization）」を意図したものですが，特に 1998 年以降は，ほぼ全基準が見直さ
れてきています。

　さて，このような国際的な会計基準の緩やかな調和化から，次第に**収斂化・
統合化**の動きが始まってきました。このきっかけとなったのは，1986 年の**証
券監督者国際機構**（International Organization of Securities Commissions ; **IOSCO**）の創
設です。わが国も翌年（1987 年）加入しました。この IOSCO とは，アメリカ
では**証券取引委員会**（Securities and Exchange Commission ; **SEC**），日本では当時の
大蔵省（証券局），イギリスではロンドン証券取引所など各国の証券監督局の
代表が集まって構成された組織です。アメリカの SEC の主導のもと，日本も
理事国になりました。折りしも，1986 年，イギリスではサッチャー政権下で，
金融ビッグ・バンが行われていました。この時期は徐々に，アジア，欧州，北
米の三大グローバル証券市場が形成されつつあった時期です。そこでは，投資
家にとって信頼できる会計情報が求められるのはいうまでもありません。日本
の会計ビッグ・バンは，この 10 年後の 1996 年 11 月から始まります。

　この IOSCO の支持のもとに，IASC は 1987 年に「**財務諸表の比較可能性**」
プロジェクトを開始しました。このプロジェクトの目的は，各国で行われてい
る会計基準をできるだけ統一し，相互に比較可能性の高いものにしようとする
試みでした。その結果，1989 年に公開草案（ED）第 32 号「財務諸表の比較

可能性」(Comparability of Financial Statements) が公表され，これが 1993 年 11 月に
IASC 理事会で承認されました。当然ながらこの基準の適用企業は，国際的な資金
調達を行う会社です。これを端緒に，国際会計基準の調和化から収斂化・統合化
への道へと進んでいったわけです。ちなみにこの公開草案は，1998 年に成案
となり適用されました。

　また，IOSCO は，1993 年に IASC に対して 40 項目におよぶコア・スタンダ
ード（中核となる会計基準）を 1999 年までに完成させることを要請しました。
コア・スタンダードの最後の基準は，1998 年 12 月に公表された IAS 第 39 号
「金融商品：認識及び測定」(Financial Instruments : Recognition and Measurement) で
す。この基準をもって，コア・スタンダードは一応完成した形となりました。

　また，IASC は，1989 年に「財務諸表の作成表示に関するフレームワーク」
(Framework for the Preparation and Presentation of Financial Statements) を公表しました。
このフレームワーク作成の目的は，理論的に首尾一貫した IAS の構築にあり
ます。ここには，(1) 財務諸表の目的，(2) 財務諸表の質的特徴，(3) 財務諸
表の構成要素（資産，負債，持分，収益，費用の定義）が述べられています。
これは，アメリカの会計基準設定機関である**財務会計基準審議会** (Financial Ac-
counting Standards Board ; **FASB**) が，1978 年から 1985 年までに公表した 6 つの
概念報告書をベースに書かれています。

　このようなコア・スタンダードと概念フレームワークの構築を行うことで，
従来の調和化から収斂化・統合化をより一層進めることになり，これに基づく
国際会計基準相互間の整合性を担保したわけです。

3　国際会計基準審議会（IASB）の活動

　前述した 1998 年の IASC のコア・スタンダードの完成により，IAS は新た
な段階へと進みます。2000 年 5 月に，IOSCO は IAS を正式に承認しました。
さらに，IASC 組織自体の改革と EU 市場への IAS の導入の動きが始まりまし
た。この時期，IASC は次第に設立当初の職業会計士の国際団体という性格か

ら，国際会計基準の設定機関へと変貌していきます。すなわち，各国基準の調和化の推進基準としての IAS から，国際会計の統一基準としての IAS へと移行するわけです。そして 2001 年に IASC から国際会計基準審議会（International Accounting Standards Board；**IASB**）へ改組した際，組織名のみならず組織構成や目的も大きく変わりました。

　IASB の設立目的をまとめますと，①高品質で透明性があり，そして比較可能性のある財務諸表を作成するための会計基準を設定すること，②世界の資本市場への参加者（投資家）の健全な経済判断に貢献すること，③会計基準の採用と厳格な運用を促進すること，④国内会計基準と国際会計基準（IAS）を一体化させ，高品質なものとすることです。

　この組織変更に伴い，IASB の公表する基準名が国際財務報告基準（International Financial Reporting Standards；**IFRS**）となりました。この内容は，①従来のIASC が設定した IAS，②旧解釈指針委員会（Standing Interpretations Committee；SIC）が公表した解釈指針，③ IASB が公表する IFRS，④国際財務報告解釈指針委員会（International Financial Reporting Interpretations Committee；IFRIC）が公表する解釈指針の 4 つから構成されます。このように IFRS は，IASB の設立目的に述べられているように，投資家の意思決定に有用な世界的に承認され遵守される会計基準を設定することを目的としたものです。かつて IASC が公表したIAS も今後，順々に IFRS に置き換えられていきます。

　この動きと前後しますが，自国の FASB の基準を国際基準にしたいと考えていたアメリカは，1998 年に「国際会計基準設定：将来のビジョン」を発表しました。これまで，国際会計基準に対して，アメリカは傍観的な立場を採っていましたが，この時期から積極的介入を行います。この報告書では，アメリカの承認なしに「一組の高品質の世界的な会計基準」は不可能だと述べています。しかしながら，世界最高水準の高品質の会計基準を自認してきたアメリカにおいて，2001 年から 2002 年にかけて，エネルギー会社であるエンロン，IT・通信会社であるワールドコムが巨額な粉飾会計によって倒産するという深刻な事件が起こりました。これをきっかけに，アメリカ国内外でアメリカの会

計基準に対する不信感が生じました。この結果，アメリカ会計への信頼が失墜します。この対応策として，2002 年 7 月に，**企業改革法**（2002 年サーベインズ・オックスリー法：Sarbanes-Oxley Act of 2002；**SOX 法**）が制定されることになりました。

　ではなぜ，会計先進国であったアメリカの会計基準は，このような事態に陥ったのでしょうか。究極的には経営者の倫理問題につながりますが，その原因の一端が会計基準に存在していることは確かです。すなわち，アメリカ基準は基本的に**細則主義**（rule-based）であり，会計基準を可能な限り詳細に記述し規制します。これは，FASB が公表している**財務会計基準書**（Statement of Financial Accounting Standards；**SFAS**）の多さ（2009 年 6 月時点で 168 号の基準書を公表，現在では基準書を含む多くの公表物を 90 の Topic にまとめ，コード化している。ちなみに FASB も IASC と同じ 1973 年に設立されました）にも反映されています。この結果，ある会計事象には画一的な判断ができますが，その一方，基準書で規定されていないことを理由に「抜け穴」を探し，会計不正が行われる余地があります。このアメリカ基準とは対照的に，IFRS は**原則主義**（principle-based）を採用しています。これによって，会計実態を反映しうるような柔軟な適用・運用ができます。しかしその反面，各企業間でその会計基準の適用・運用にばらつきが出る可能性があります。

　その後，2002 年 9 月，FASB は IASB とアメリカ・コネチカット州ノーウォークにおける合同会議で，国内の財務報告と国境を越えた財務報告の双方においても利用できるような，高品質で互換性のある会計基準を作り出すことに合意しました。これを FASB と IASB との会計基準のコンバージェンス（収斂化・統合化）として捉えることができ，前述した IASB の設立目的にまさに合致するものです。このコンバージェンスの目標時期は，当初 2007 年でしたが，2009 年，2011 年と延長されています。

　このノーウォーク合意の背景として，EC（現在では EU）市場の統合化の動きがあります。現在，EC 加盟国 15 カ国から EU 加盟国 27 カ国（2023 年 6 月現在）へと拡大してきています。そのマーケット規模は，ニューヨーク，東京と並ぶ 3 大グローバル証券市場の一翼を担っています。今日では，アメリカ企

業も数多く EU 市場に参入しています。2005 年 1 月から，この EU 市場で上場している EU 域内の約 7,000 社の企業は，IFRS に基づく連結財務諸表の作成が義務付けられました。また，EU 域内で公募・上場を行う EU 域外企業の連結財務諸表には，2009 年 1 月から IFRS または国際的な会計基準と「同等」と認められる会計基準の適用が義務付けられています。このように，欧米では EU 市場を中核に会計の統合化が進められているのです。

4　国際財務報告基準（IFRS）への日本の対応

(1)　会計ビッグ・バンと企業会計基準委員会（ASBJ）の活動

　では，国際的な会計基準の統合化に向けて，日本ではどのような状況になっているのでしょうか。日本でも 1996 年 11 月以降，会計ビッグ・バンが進展しました。これは，日本の経済再生のために実施された金融ビッグ・バンのインフラ（基盤）として位置づけられています。すなわち，これは日本の会計・ディスクロージャー制度を 2001 年までに国際会計基準と遜色のないものにするための改革でした。その結果，連結財務諸表，連結キャッシュ・フロー計算書，金融商品会計，退職給付会計，税効果会計，減損会計等に関する会計基準が整備されました。

　日本では，IASC から IASB への組織変更に対応するために，2001 年 8 月に**企業会計基準委員会**（Accounting Standards Board of Japan；**ASBJ**）が発足しました。これは，アメリカの FASB と同様，わが国初の民間の会計基準設定団体です。会計基準の内容や組織構成の点で，日本はかなり世界標準に近づいたといえるでしょう。

(2)　日本基準と IFRS の同等性問題

　しかしながら，かつて，いわゆるレジェンド（legend clause：警告文）問題がありました。これは，アメリカの五大会計事務所（当時）が，日本の会計基準で作成した 1999 年 3 月期以降の有価証券報告書（英訳）の監査報告書に「レ

ジェンド」を付した問題です。すなわち，「この財務諸表は，日本の証券取引
法および会計基準で作成し，日本以外の国で通用する会計基準で作成したもの
ではない」という内容です。この但し書きは強制されました。要するに，日本
の会計基準で作成された財務諸表は，国際的には信頼できないと暗示している
ものであり，日本にとって非常に屈辱的な文言です。まさに日本の会計基準の
信頼性が，世界から問われていました。当然ながら，アメリカ SEC（証券取
引委員会）に登録企業の財務諸表には，このようなレジェンドの付記はありま
せん。現在，日本の会計基準の国際的統合化の進展により，レジェンドの付記
は 2004 年 3 月期に解除されています。

　また，2004 年 7 月には，IASB と ASBJ との間にコンバージェンス合意が結
ばれました。これは，日本の会計基準と IFRS の差異を縮小するという目的の
ための合意です。先進国の中では，アメリカ，日本が IFRS を自国の会計基準
として採用していません。前述のように，自国の会計基準が IFRS と「同等」
と認められない場合には，①欧州に上場する日本企業は IFRS を適用した財務
諸表を別途作成するか，②追加開示等が求められています。この「同等性」
は，欧州委員会（EC）の諮問機関である欧州証券規制当局委員会（CESR）が
同等性の概念に基づいて評価します。具体的に，この同等性の評価とは，第三
国の会計基準（たとえば日本基準）にしたがった場合と国際会計基準にしたが
った場合の財務諸表を投資家が比較して，類似した評価を下すことができれば
「同等」とみなすものです。

　さて，この同等性の評価結果と今後の見通しですが，現在，さまざまな会計
処理において，改善が進められています。欧州委員会は，当初 2007 年から追
加開示を求めていましたが，先ほどのアメリカとの相互承認（2002 年のノー
ウォーク合意）を優先し，2006 年 4 月に，これを 2009 年まで延期する方針を
発表しました。

　IASB は，2010 年，米国とともにコンバージェンスの完成を 2011 年 6 月以
降に遅らせる声明を出しました。2012 年には，IFRS 財団モニタリングボード
（MB）がガバナンス報告書を公表し，そのメンバー要件として「IFRS の顕著

な適用」が示されました。さらに，2013 年 3 月には，IFRS 財団が会計基準ア
ドバイザリーフォーラム（ASAF）を創設しました。この ASAF は，IASB に
対して技術的な助言等を行うことを目的とし，日本からは ASBJ が参加してい
ます。さらに，モニタリングボードが，メンバー要件である「IFRS の顕著な
適用」の定義を明確化し，それを「MB 憲章」としました。この MB は，証券
監督者国際機構（IOSCO），わが国の金融庁，欧州委員会（EC），アメリカの
SEC 等で構成され，IFRS 財団評議員の選抜を承認・監視しています。日本が
IFRS 策定プロセスでの発言力を高めるには，MB メンバーの地位を維持する
ことが不可欠です。このように，IASB は IFRS を統一的な会計基準にするた
めの足固めを着実に実行しています。

(3)　IFRS の任意適用

　先ほどの同等性に関して，日本の ASBJ は IASB との間で，2007 年 8 月に
「東京合意」を交わしました。この内容は，まず，2008 年度中に同等性評価の
なかで特に重要な差異項目（26 項目）を解消し，最終的には 2011 年 6 月末ま
でに残りの差異も解消し，日本の会計基準を IFRS に収斂化するものです。そ
の後，2015 年 3 月期から IFRS をアドプション（adoption：全面適用）する予
定としました。それを加速させるために，2009 年 6 月には，金融庁企業会計
審議会が「我が国における国際会計基準の取扱いに関する意見書（中間報告）」
を公表しました。ここでは，IFRS 任意適用条件として，①上場会社である，
② IFRS による連結財務諸表の適正性確保への取組体制を整備している，③国
際的な財務活動または事業活動を行っていることを必要としました。この 3 つ
の要件をすべて充たした場合に，2010 年 3 月期から連結財務諸表に IFRS の任
意適用が認められることになりました。

　さらにアメリカは 2008 年 8 月，国内企業に IFRS をアドプションするとい
うことを容認する案を提示しました。このアドプションとコンバージェンスと
は全く異なります。すなわち，会計基準の差異を極力なくす方向がコンバージ
ェンスであるのに対して，アドプションとは，IFRS を自国の会計基準として

そのまま適用するものです。アメリカにおけるアドプションの実施は，2011年 5 月に公表された SEC スタッフレポートによれば，2014 年以降になるとの予定でしたが，明確な時期については言及されていませんでした。ここでは，一気にアメリカ基準を IFRS にアドプションさせるのではなく，差異がある基準を徐々に修正しながら，最終的には IFRS に移行させる考え方が示されていました。翌年の 2012 年には，SEC が最終のスタッフレポートを公表しましたが，明確な IFRS へのアドプションプランは含まれていませんでした。このように，アメリカは IFRS へのアドプションの態度を保留しています。

このアメリカの決定を受け，わが国の状況が大きく変わっていきます。2011年 6 月，当時の金融担当大臣が，①少なくとも 2015 年 3 月期の強制適用は考えておらず，5 年から 7 年程度の準備期間を設定する，②2016 年 3 月期で使用終了とする米国会計基準の使用期限を撤廃し，引き続き使用可能とする，という発言をしました。この発言の背景には，同年に起こった東日本大震災による国内企業への打撃，アメリカ等の IFRS アドプションへの慎重な姿勢，日本の産業界からの要請があったからです。

(4)　修正国際基準（JMIS）

そして，企業会計審議会は 2012 年 7 月「国際会計基準（IFRS）への対応のあり方についてのこれまでの議論（中間的論点整理）」を公表しました。これは連単分離（連結財務諸表と個別財務諸表の取り扱いを区別すること）を前提に IFRS を導入することです。さらに，2013 年 6 月には「国際会計基準（IFRS）への対応のあり方に関する当面の方針」を公表しました。ここでは 3 つの方針が示されています。すなわち，①任意適用要件の緩和，②IFRS の適用方法（エンドースメント），③単体開示の簡素化についてです。②のエンドースメント（endorsement）とは，自国基準への IFRS の取込み手続きを行う際，必要があれば IFRS を個別的に検討し，一部基準を削除または修正して自国に適した IFRS を作成する手続きのことをいいます。

また，前述した 2009 年 6 月に公表された「中間報告」での IFRS 任意適用

の3要件のうち，①上場会社と③国際的な財務・事業活動を行っていることの
2要件を撤廃予定としました。同年10月に金融庁から公表された「連結財務
諸表等の用語，様式及び作成方法に関する規制等の一部を改正する内閣府令」
で，この①と③の2要件が撤廃されました。その結果，資本金20億円以上の
海外子会社を有しない企業や新規株式上場（IPO）企業でも，IFRSを適用で
きることになりました。

　次に，コンバージェンスからアドプションへの移行が簡単な作業ではないこ
とから，IFRSを全面的に適用するというアドプションではなく，我が国に適
した柔軟なIFRSを求め出しました。これが，前述したエンドースメントであ
り，具体的には修正国際基準（国際会計基準と企業会計基準委員会による修正
会計基準によって構成される会計基準：Japan's Modified International
Standards, 略称JMIS）です。修正国際基準は，2014年7月に公開草案が出
され，2015年6月に確定しました。これは，2016年3月期から選択適用され
ます。修正国際基準では，日本基準とIFRSとの大きな相違点である，のれん
の会計処理とその他の包括利益の会計処理に関してのみ日本基準を採用し，そ
れ以外はIFRSの基準を採択しています。この結果，現在，わが国においては，
日本基準，米国基準，IFRS，修正国際基準の4つが併存することになりまし
た。この状況が，国内・国外の投資家の投資意思決定に混乱を及ぼすかもしれ
ませんが，いずれはIFRSのアドプションへと進んでいく一里塚であるように
思います。

　最後に，2013年6月に公表された「当面の方針」の③単体開示の簡素化に
関して，2014年3月に，金融庁が「財務諸表等の用語，様式及び作成方法に
関する規制等の一部を改正する内閣府令」を公表しました。IFRSは連結ベー
スの財務諸表の作成を要求しているため，企業の作業負担の軽減を図るために
単体ベースの財務諸表を簡素化するというのが，この内閣府令のねらいです。

5　IFRS 導入の課題

　さて，2023 年 10 月現在，IFRS 適用済会社数および IFRS 適用決定会社数は 276 社に増加しています。2015 年 4 月金融庁が公表した「IFRS 適用レポート」にも指摘されているように，IFRS 導入のメリットとして，①海外子会社を持った会社が経営管理に役立つ，②同業他社との比較可能性の向上，③外国人投資家への説明の容易さ，④業績の適切な反映，⑤海外での資金調達の円滑化をあげています。デメリットとしては，①複数帳簿管理や日本基準との並行開示による実務負担の増加，②追加的な監査報酬やシステム対応に関するコストの増加，③のれんや非上場会社の評価に関する業績表示の違い，④先行事例の不足による適用の困難さをあげています。

　今後の IFRS 導入を進めるうえで，適用範囲の拡大化問題があります。適用範囲の拡大化とは，中小企業向けの IFRS の適用です。すでに 2015 年 5 月には，IASB による「中小企業向け IFRS（IFRS for SMEs）」の包括的レビュー（問題点の洗い出し）が終了しています。全世界の中小企業に IFRS を適用することができるかどうかは注目に値します。

　もう一つの大きな動向として，気候変動等に対応するサステナビリティ（持続可能性）の情報開示の組織づくりがあります。IFRS 財団は 2021 年 11 月に，国際サステナビリティ基準審議会（International Sustainability Standards Board; ISSB）の設立を発表しました。この新しい審議会は，国際的に統一化されたサステナビリティに関する財務情報開示基準の公表を目指すものです。世界銀行，国際通貨基金（IMF），IOSCO，バーゼル銀行監督委員会等もこの組織に支持を表明しています。今後は持続可能な企業・社会構築のために，SDGs（持続可能な開発目標）の考えを基盤とし，気候変動に関する財務情報のみならず，自然関連の財務情報の開示も進められようとしています。

　本章では，IAS の発足から現在の IFRS までの国際会計基準統合化の推移を

見てきました。もう一度，簡単に整理しますと，次のようになります。すなわち，① IASC 設立から 1980 年代半ばまでは，各国で行われている実務を尊重し，その中で標準的な会計基準を設定した時期，② 1980 年代後半は，各国の代替的な会計処理基準を削減させ開示基準を拡充し，そのよりどころとして概念フレームワークを完成させた時期，③ 1990 年代は IOSCO の主導のもとで，IAS のコア・スタンダードを完成させ，グローバルな資金調達市場に対応した基準としての IAS を IOSCO が承認した時期，④ 2000 年代前期から中期にかけては新組織 IASB のもと，FASB とはノーウォーク合意をし，EU 域内の企業に IAS を強制適用させ，コンバージェンスからアドプションへと世界の会計基準を 1 つに統合化しようとした時期，⑤ 2009 年以降は，SEC，ASBJ も IFRS を全面的に受け入れるアドプションではなく，IFRS の一部基準を削除または修正して，自国に適した IFRS を作成するというエンドースメントを展開している時期，の 5 つに区分できると思います。ひとつひとつのトピックの理解も大事ですが，会計の国際化の推移を把握することがより一層重要です。

本章の復習問題

1　企業活動がグローバル化すれば，なぜ，国際的に統一的な会計基準が必要となるのか，その理由を説明しなさい。

2　会計基準のハーモニゼーション（調和化）とコンバージェンス（収斂化・統合化）の違いについて説明しなさい。

3　会計基準のコンバージェンス（収斂化・統合化）とアドプション（全面適用）の違いについて説明しなさい。

4　ノーウォーク合意の背景について説明しなさい。

5　東京合意の背景について説明しなさい。

6　IFRS の設定目的は何か。また，主たる利害関係者は誰であると想定しているかについて説明しなさい。

7　会計基準の信頼性が失われば，国内・国外の金融市場でどのような問題が生じるのかについて説明しなさい。

8　IASB が指向する原則主義（プリンシプル・ベース）と FASB の細則主義
（ルール・ベース）との相違点を説明しなさい。

9　修正国際基準（JMIS）の設定目的について説明しなさい。

10　サステナビリティ（持続可能性）情報の開示の必要性について説明しな
さい。

第11章

会 計 の 監 査

本章のポイント

　正しくない財務諸表を作成し開示することを粉飾決算といいます。粉飾決算（財務諸表の虚偽の表示）は，財務諸表読者の意思決定を誤らせ，金融商品市場の混乱につながります。そこで，公認会計士または監査法人による，独立かつ専門的な立場からする会計監査が必要となります。

　キー・ワード：粉飾決算（財務諸表の虚偽の表示），当期純利益の過大表示，当期純利益の過小表示，内部統制，会計監査，監査報告書，コーポレート・ガバナンス

1　粉飾決算と会計監査の必要性

(1)　粉飾決算はなぜ起こるか

　粉飾決算とは，企業の財政状態および経営成績の状況を，実際よりも良くみせたり，逆に悪くみせかけることをいいます。監査論では，財務諸表の虚偽の表示といいます。粉飾決算のほとんどは意図的に行われる会計操作ですが，会計基準の適用誤りや転記ミス等の意図せざる誤謬によっても生じます。

　たとえば実際に存在しない資産が貸借対照表に計上され，架空の収益が損益計算書に計上されると，結果として当期純利益は実際よりも過大に表示されてしまいます。逆に，実際に存在する資産と収益の一部が，貸借対照表と損益計

算書から除外されると，当期純利益は実際よりも過小に表示されてしまいます。

粉飾決算———┌── 当期純利益の過大表示（狭義の粉飾決算ともいう）
　　　　　　 └── 当期純利益の過小表示（逆粉飾ともいう）

　当期純利益を実際よりも過大に計上しようとする会計操作（狭義の粉飾決算）は，主に，株価を維持するため，金融機関からの借入れを容易にするため，Ｍ＆Ａ（企業の買収・合併）を有利に進めるため，経営の失敗を隠蔽するためといった理由によって行われます。

　たとえば，ある企業の当期純利益が前期に比べて大幅に減少したとします。そうすると，投資家は，その企業の将来性に不安を抱き，株を手放そうとする人が増え，結果として株価が低下する可能性があるわけです。企業の業績が悪化したように見えれば，銀行は新規の融資や追加の融資を渋り，Ｍ＆Ａでも不利になります。そして経営者は株主などから経営責任を追及される可能性があります。そこで，当期純利益を実際よりも大きくみせかけようとする動機が働くのです。

　また，当期純利益を実際よりも過小に計上する会計操作（逆粉飾）は，主に，租税回避を目的に行われます。当期純利益を実際よりも小さくみせかけることによって，当期において支払うべき税金を逃れようとするわけです。

　粉飾決算のなかでも当期純利益を大きくみせかける会計操作は，それを重ねてしまうと，資金繰りが悪化し，実際にはない利益を配当することにもなり，企業財産の食い潰しが起こり，最終的には経営が行き詰まってしまいます。「粉飾決算の末の倒産」とはこのことをいいます。

(2)　粉飾決算の手口

　当期純利益を実際よりも過大に表示するためには，収益を実際よりも大きく計上するか，費用を実際よりも小さく計上するか，あるいはそれらの操作を併せて行うことになります—逆に，当期純利益を実際よりも過小に表示するため

には，収益を実際よりも小さく計上するか，費用を実際よりも大きく計上するか，あるいはそれらの操作を併せて行うことになります―。

たとえば，実際には販売の事実がないにもかかわらず，

　（借）　売掛金　　　　100　　（貸）　売　上　　　　100

という仕訳を行ったとします。そうすると損益計算書には 100 の実在しない収益が表示され，貸借対照表には 100 の実在しない資産が表示されてしまいます。当期純利益は 100 過大に表示されます。

　このような会計操作は，当期純利益を過大に表示したいために，経営者の指示によって，帳簿上だけで行われる場合もありますが，販売担当者が自己の売上ノルマを達成するために，経理担当者と共謀して行うことがあるかもしれません。また，販売担当者が得意先に商品を販売したことにして，実はその商品を第三者に横流して販売代金を窃取し，売掛金を全額回収不能として処理するといった手口も考えられます。このような会計操作は試算表を作成しても発見することはできません。

(3)　会計処理の正確性確保と内部統制
　貸借対照表や損益計算書を作成するプロセスには，上で述べたような会計操作をはじめとした不正や，会計処理上の誤謬を防止し，発見するための仕組みが組み込まれています。これを内部統制（internal control）とよびます。職務分

離，承認手続，照合手続などが，その代表的なものです。会計処理を正確かつ漏れなく行い，適正な財務諸表を作成するために企業の内部に設定されたチェック・システムです。

　もし，小切手帳を管理する人と，仕訳帳・元帳・当座預金出納帳の記帳担当者が同一だったとします。そうすると，勝手に小切手を振り出してそれを記帳することができてしまいます。小切手の横領だけでなく，誤った小切手の振り出しがあっても発見できません。このような不正や誤謬を防止し，適時に発見できる仕組みとして，小切手帳の管理担当者と記帳担当者とを分離しておきます―職務分離―。

　また，備品や消耗品の購入に際して，上司の承認を要する手続を採用することもそうです―承認手続―。さらに，企業内で保管されている現金（小口現金）の実査を定期的に行い，現金有高と帳簿残高を照合する手続―照合手続―も内部統制です。

(4)　粉飾決算の防止と会計監査

　粉飾決算，すなわち財務諸表に重要な虚偽の表示があると，財務諸表の読者は，誤った情報に基づいて，誤った意思決定を行ってしまいます。

　企業の経営者にとっても財務諸表は重要な意思決定情報です。また，株主や債権者などの企業外部者にとって，財務諸表は企業の経営活動の成果および財務の実態を知り得る唯一の意思決定情報といってもよいでしょう。したがって，もし粉飾決算を防止・発見する制度がなく，虚偽の財務諸表が横行するようなことがあれば，正確かつ適時な情報に基づく意思決定を前提とした金融商品市場の信頼性は根底から覆ってしまいます。

　そこで，財務諸表の信頼性を保証するための社会的な仕組みが必要となってきます。それが会計監査です。上で述べたように，企業の経営者は，内部統制とよばれる，適正な財務諸表が作成できるような仕組みを設定しています。しかし，内部統制といえども，あらゆる不正や誤謬を防ぎ発見できるとはかぎりません。いくら職務分離，承認手続，照合手続を厳密にしても，ヒトの不注意

による見落としや誤解は避けられないからです。また，経営者による内部統制
への不当な介入や，内部統制の無視，形骸化ということも十分に起こりえま
す。そこで，公認会計士または監査法人という企業外部の第三者による専門的
な立場からする会計監査が必要となるのです。

2　会計監査の意味と制度

(1)　会計監査とは

　会計監査は，公認会計士または監査法人によって行われます。企業の財務諸
表が「一般に公正妥当と認められる企業会計の基準」にしたがって適正に作成
されており，財務諸表に虚偽の表示がないかどうかを，公認会計士または監査
法人が確かめるのです。もし，財務諸表に重要な虚偽の表示がなければ，「財
務諸表は，一般に公正妥当と認められる企業会計の基準に従い，企業の財政状
態，経営成績，およびキャッシュ・フローの状況を適正に表示している」旨の
監査報告書が作成され，財務諸表の信頼性にお墨付きが与えられます。これに
よって，財務諸表の読者は，安心して財務諸表を意思決定に利用することがで
きます。したがって，公認会計士または監査法人による監査報告書は，財務諸
表とセットで開示されます。

　会計監査は，独立かつ専門的な立場で行われなければなりません。もし会計
監査を担当する監査人が，その企業の役員や従業員であったり，あるいは出資
者であったり，何らかの債権債務関係があったりしたら，公正不偏の立場で監
査を遂行することができないからです。また，複雑な会計操作を伴う隠蔽工作
を見抜くためには，会計と監査についての高度な専門知識が必要となります。

　ちなみに公認会計士法では，「公認会計士は，監査及び会計の専門家として，
独立した立場において，財務書類その他の財務に関する情報の信頼性を確保す
ることにより，会社等の公正な事業活動，投資者及び債権者の保護等を図り，
もって国民経済の健全な発展に寄与することを使命とする」(第1条) とうたっ
ています。

(2)　法律に基づく会計監査

　粉飾決算の横行を防ぐため，一定の条件を満たす企業に対しては，公認会計士または監査法人による会計監査が，法律によって義務づけられています。法律の規定に基づく監査を**法定監査**とよびます。不特定多数の利害関係者保護というマクロ的な観点から行われる会計監査です。

　第1は，金融商品取引法に基づく会計監査です。同法では「金融商品取引所に上場されている有価証券の発行会社その他の者で政令で定めるものが，この法律の規定により提出する貸借対照表，損益計算書その他の財務計算に関する書類で内閣府令で定めるものには，その者と特別の利害関係のない公認会計士又は監査法人の監査証明を受けなければならない」(第193条の2第1項)と定めています。金融商品取引所に有価証券を上場している企業（有価証券報告書提出会社），1億円以上の有価証券を発行するために届け出をする企業（有価証券届出書提出会社），株主数が1,000名以上の企業など，金融商品市場での有価証券の発行および流通に関して提出される財務諸表の信頼性を担保するための会計監査の制度です。

　第2は，会社法に基づく会計監査です。同法では「大会社は，監査役会及び会計監査人を置かなければならない」(会社法第328条)とし，資本金が5億円以上または負債合計が200億円以上の大会社に対しては，公認会計士または監査法人による会計監査を義務づけています。したがって，会社法に基づく会計監査は，金融商品取引所に有価証券を上場しているか否かにかかわらず，会社の規模によって会計監査が強制されます。会社法上の大会社であって，かつ，金融商品取引所に有価証券を上場している企業であれば，会社法と金融商品取引法という2つの法律に基づく会計監査が必要となります。

　以上は，企業を対象とした会計監査ですが，これら以外にも，その公共性から，公認会計士または監査法人による会計監査として，私立学校振興助成法に基づく学校法人の会計監査，労働組合法に基づく労働組合の会計監査，政党助成法に基づく政党の会計監査などがあります。

(3)　会計監査報告書

　公認会計士または監査法人は，財務諸表に虚偽の表示がないかどうかを確か
めるため，各種の帳簿とそれに関係する証ひょう書類（注文書，領収書，検収
書など）との突合せ，経理担当者へのヒアリング，帳簿残高の比率・傾向分
析，現金や預金証書の実査，売掛金や買掛金の残高確認，商品の実地棚卸への
立会などの監査手続を実施します。

　監査手続で難しいのは，貸倒引当金や減価償却費などの見積り項目の監査だ
といわれています。棚卸資産の評価方法の変更があった場合（たとえば，先入
先出法から移動平均法への変更）に，その変更が正当な理由によるものかどう
かの判断もそうです。客観的で確証的な証拠が得られにくいからです。ですか
ら，会計監査といえども，財務諸表が100％正しいとか，1円の不正や誤謬も
ないということを保証することはできません。

　そして，公認会計士または監査法人はすべての監査手続を終了すると，**監査
報告書**を作成します。

　監査報告書には，さまざまな情報が記載されますが，もっとも大切なのは，
財務諸表が一般に公正妥当な企業会計の基準に準拠して，企業の財政状態，経
営成績，及びキャッシュ・フローの状況を適正に表示しているかどうかとい
う，公認会計士または監査法人の監査意見です。

　かつての監査報告書は，監査意見を簡潔に伝えることが最も重視され，他社
との比較が容易なように一定のひな型に従って，1枚の用紙に収まるように作
成されていました。ですから，もし会計基準違反事項など，通例，記載されな
いような事項が記載されていますと，一目でわかるようになっていました。

　ところが，最近では，なぜこのような監査意見に至ったか（意見の根拠と呼
ばれます），どのようなことに注意を払って監査を実施したか（監査上の主要
な検討事項と呼ばれます），財務諸表と一緒に開示されている情報についての
気づき事項（その他の記載内容と呼ばれます）など，さまざま情報が記載され
るようになっています。

　以下は，金融商品取引法に基づいて作成される財務諸表の監査報告書に記載される主な事項をまとめたものです。

独立監査人の監査報告書

会社名等

監査法人の名称・住所

監査責任者の署名

監査意見

　　（―略―　監査の対象とした財務諸表の種類と期間の記載）

　当監査法人は，上記の財務諸表が，我が国において一般に公正妥当と認められる企業会計の基準に準拠して，○○株式会社の×年×月×日現在の財政状態並びに同日をもって終了する事業年度の経営成績及びキャッシュ・フローの状況を，全ての重要な点において適正に表示しているものと認める。

監査意見の根拠

　　（―略―　上記の監査意見となった根拠の記載）

監査上の主要な検討事項

　　（―略―　監査人がとくに注意を払って監査を行った事項の記載）

その他の記載内容

　　（―略―　財務諸表以外の記載に関する気づき事項の有無）

財務諸表に対する経営者及び監査役等の責任

　　（―略―　経営者には財務諸表を作成する責任がある旨の記載　など）

財務諸表監査における監査人の責任

　　（―略―　独立の立場から監査意見を表明する責任がある旨　など）

利害関係

　　（―略―　会社と利害関係がない旨の記載）

　（注）会社が継続して赤字決算となっている場合など，事業の継続が危ぶまれる場合には，監査報告書に独立した区分を設けて，注意喚起の記載が行われることもあります。

(4)　会計監査とコーポレート・ガバナンス

　このように，会計監査は，企業が公表する財務諸表に重要な虚偽の表示がないかどうかを，独立かつ専門的な立場から検証し，財務諸表の信頼性を保証するという役割をもちます。

　最近の粉飾決算は，経営者の指示に基づくもの，業界の特異な取引慣行や会計基準のあいまいさを逆手にとったもの，あるいは粉飾決算を許す企業風土やディスクロージャー軽視の姿勢などによるものがほとんどです。

　そこで，今日の会計監査は，開示される財務情報の信頼性を確保し，あわせて経営者不正や内部統制の実効性に対するモニタリング機能を通じて，コーポレート・ガバナンスの充実・強化に資することが期待されています。ステークホルダー（利害関係者）への適切な情報開示と，経営者に対する監視機能を通じた企業経営の健全性の確保を目的とするコーポレート・ガバナンスにとって，会計監査は重要な役割を担っています。

　ディスクロージャーをめぐる非違事例が絶えないことから，米国企業改革法にならって，2008年4月に開始する事業年度から，上場企業に対して，企業が採用する内部統制に対する経営者による評価と，それが適正であるかどうかについての公認会計士または監査法人による監査が金融商品取引法によって義務づけられました。

　また，企業の破綻は，粉飾決算だけでなく，長年にわたる営業不振，重要な取引先の喪失，巨額の損害賠償請求などによっても生じます。このような，事業破綻に結びつく事象が発生した場合には，公認会計士または監査法人は，経営者による当該事象の評価や経営再建計画等の合理性を検討し，当該事象とそれへの対応が財務諸表において適切に開示（財務諸表の欄外への注記）されているかどうかを確かめ，企業の事業継続性についての注意喚起を監査報告書で行うこともあります。

本章の復習問題

1　当期純利益を実際よりも過大に計上して粉飾する手口にはどのようなものがありますか。また，このような当期純利益の過大計上はどのような理由によって行われますか。

2　当期純利益を実際よりも過小に計上して粉飾する手口にはどのようなものがありますか。また，このような当期純利益の過小計上はどのような理由によって行われますか。

3　会計処理上の不正や誤謬を防止し，発見するための仕組み（内部統制）として，どのような方法が考えられるか3つ挙げて，具体的に説明しなさい。

4　一定の要件を満たす株式会社には会計監査が法律によって義務付けられます。会計監査を義務付ける代表的な法律を2つ挙げて，どのような株式会社に適用されるか説明しなさい。

第12章

管理会計と原価計算

本章のポイント

　誰のために行うかという点から，会計は財務会計と管理会計とに分けることができます。財務会計は株主などの企業外部の利害関係者のための会計であるのに対して，管理会計は企業内部の経営管理者のための会計です。原価計算は，会計情報のなかでも特に原価に焦点を当てた計算技法で，財務会計と管理会計の両方に役立ちます。

　キー・ワード：管理会計，目的適合性，意思決定会計，業績管理会計，
　　　　　　　　原価計算，原価，製造間接費，配賦

1　財務会計と管理会計

　会計は，それを誰のために行うかという点から大別すると，財務会計と管理会計（management accounting, managerial accounting）とに分けることができます。財務会計とは，株主や債権者などの企業外部の利害関係者のために行われる会計です。前章までの内容は基本的には財務会計に関連するものです。これに対して，管理会計とは，企業内部の経営管理者のために行われる会計をいいます。より具体的には，管理会計とは経営管理者の経営管理活動を支援するために会計情報を提供する会計です。

　企業外部の利害関係者のために行われる（財務会計）のか，企業内部の経営

管理者のために行われる（管理会計）のかという違いは，一見すると，わずかなことに思えるかもしれませんが，実はこのことが財務会計と管理会計との性質の相違に決定的な影響を与えています（**図表 12-1** を参照）。

図表 12-1　管理会計と財務会計の相違

	財務会計	管理会計
利　用　者	企業外部：株主，債権者，一般投資家，課税当局など	企業内部：経営管理者
目　　　的	外部の利害関係者に対して実績を報告する。	企業の経営管理に役立つ情報を提供する。
規　　　制	規制されている。GAAP や会社法などの法令に従わなければならない。	規制なし。必要であれば行い，必要なければ行わなくてもよい。
情報の性質	客観性，検証可能性，信頼性	目的適合性
情報の種類	基本的に，財務的情報（金額情報）のみ	財務的情報，および非財務的情報（物量データなど）
情報の範囲	高度に集約的（企業全体，大企業では，セグメント情報や企業グループも対象に）	多様（企業全体，工場，製造工程など）で，細部が重視される。
時間の次元	基本的に，過去（実績）	多様（過去，現在，未来），未来志向
計　算　期　間	基本的に，1 年間（大企業では四半期）	多様（たとえば，1 日，1 カ月，1 年，3 年）で，必要であれば随時計算する。将来も計算対象
情報の正確性	基本的には，1 円単位の正確性が求められる。	多様（1 円単位～だいたいわかればよい）

　財務会計は株主などの利害関係者のための会計です。株主などは企業外部に位置しているため，財務諸表を通じて企業の実態を知ることになります（大企業であるほど，財務諸表の重要性は高まります）。したがって，企業の実態を適切に表す財務諸表を作成し，株主などがその財務諸表を信頼して利用できるようにすることが財務会計の中心的な課題となります。このため，財務会計では，「一般に公正妥当と認められた会計原則（GAAP）」や会社法などの法令に準拠することが求められます。そして，客観的かつ検証可能である情報によっ

て，特に財務的情報（金額情報）によって過去の実績を明らかにしていくことになります。その際には，原則として複式簿記の記録が基礎とされますので，1円単位での計算の精度が要求されます（たとえば仕訳では，借方金額と貸方金額の差があれば，それがたとえ1円であっても誤りです）。注意すべきは，株主などの利害関係者の「知る権利」も無制限ではないことです。そのため，企業秘密の保護との調整を図って，どのような開示がなされなければならないかが法令によって定められています。具体的には，計算期間は1年間（大企業では四半期報告も行われます）であり，計算対象も企業全体（大企業では，企業全体を細分化してセグメント情報の開示がなされたり，あるいは企業グループ全体を対象に連結財務諸表が作成されたりすることもあります）とされています。

　これに対して，管理会計は経営管理者のための会計，いい換えれば，経営管理活動のための会計です。したがって，そもそも企業経営は自己責任を伴うため，管理会計には法令などによる規制は一切なく，「何でもあり」です。強いていえば，管理会計において要請されるのは，目的適合性（relevance）です。つまり，管理会計では，経営管理のために必要であればそれに合った会計情報を作成・利用し，必要なければ特に何も行う必要はありません。たとえば，過去の実績を計算することがあるでしょうし，将来の見積値（例：ある投資プロジェクトから得られる予想キャッシュインフロー）を計算することもあります。また，1円単位での計算の正確性が求められる場合もあれば，おおよその金額がわかればよい場合もあります。さらに，計算期間も，迅速な対応が必要とされることが多く，1年や半期では長すぎるので，1カ月単位や1日単位で計算がなされることもあります。計算対象も多岐にわたっており，企業全体の業績だけでなく，支店ごとの業績を知りたいこともあるでしょうし，生産工程ごとの原価を算定することもあります。その上，作業時間や生産工程の改善件数，顧客からの苦情件数，マーケット・シェアなどの非財務的情報も財務的情報を補うものとして重要な役割を果たしています。

2　管理会計の体系

(1)　企業の組織構造

　第 1 節で述べたように，管理会計は経営管理者の経営管理活動を支援するための会計情報を提供するものです。この定義の中で，企業の経営管理者は誰を指すのでしょうか。経営管理活動とは，何を意味するのでしょうか。この 2 つの疑問について考える前に，まず，企業という組織の構造について簡単に説明しましょう。

　ピラミッド型の階層構造をもつ企業を例にすると，大きく分けて経営者，管理者，ならびに多数の一般従業員といった 3 つの階層があります。このうち経営者は経営陣ともよばれることが多く，社長，会長，あるいはアメリカ流のCEO（chief executive officer；最高経営責任者）などがこれに当たります。それに対して，管理者は 1 つの部門または 1 つの課といった企業の一部分の管理を任される部長，課長，あるいは現場管理を担当する人々を指します。このようなピラミッド型の組織構造の中で，管理会計情報を利用する人々は主に経営者と管理者です。すなわち，管理会計情報は，経営者と管理者が行う経営管理活動を支援するための会計情報です。

(2)　経営管理活動と管理会計情報との関連性

　では，経営者や管理者はそれぞれどのような経営管理活動を行うのでしょうか。これを説明する前に，意思決定という言葉について少し触れておきます。あなたは今，大学で勉強しているとします。高校時代のあなたには，「大学に行く」という選択肢以外にも「就職する」，あるいは「専門学校に行く」などの代替案がありました。それらの代替案のなかから「大学に行く」という 1 つの案を選んだので，あなたは今こうして大学で勉強しているのです。このうち「大学に行く」という案を選ぶことは意思決定といいます。すなわち，私たちがこれから取る行動に複数の選択肢（代替案）がある場合，その中から 1 つの

案を選ぶということを，意思決定といいます。

　企業の経営者や管理者たちは，経営管理活動において常に意思決定を迫られる状況にあります。では，経営管理活動とは一体何でしょうか。経営学のテキストではいろいろな定義があるかもしれませんが，ここではひとまず，企業の目的（または目標）の設定，およびその目的を達成するための事業活動の計画と統制（planning and control）と定義しましょう。

　企業の目的とは，企業全体として，長期間にわたって達成したい大きな目標のことです。この大きな目標はビジョンともいわれます。大きな目標が決まれば，それを達成するための手段（経営戦略や中・長期計画）を考えなければなりません。このような企業全体にかかわる大きな戦略や中・長期計画の策定に関する意思決定は**戦略的意思決定**といい，主に経営者レベルの人たちが行います。この戦略的意思決定を支援するための管理会計は**意思決定会計**と分類されます。意思決定会計の例として設備投資の経済性計算などがあります（設備投資は，金額が大きいうえ長期間にわたって企業の業績に影響を及ぼすと考えられます）。

　経営戦略や中・長期計画が決定されたら，短期の目標を設定し，それを達成するための計画（通常，1年間の期間計画）を立てていきます。その際には，**業務的意思決定**が行われ，多くの企業では管理者レベルの人たちがその中心的な役割を果たしています。このようにして設定された短期計画に基づいて事業活動が実行されるわけですが，実際の経営成果（実績）は必ずしも計画通りにうまくいくとは限りません。そうなると，計画上（予定）の経営成果と実績とを対比させ，その差異の原因を分析し，改善策を講じたり計画そのものを見直したりする必要性が出てきます。このプロセスは"統制"といいます。この一連の経営管理活動を支援するための管理会計は**業績管理会計**と分類されます。業績管理会計の例として年次予算の編成・統制や損益分岐分析などがあります。

　意思決定会計や業績管理会計に加えて，近年では戦略管理会計というカテゴリーが管理会計の分野で急速に発展してきています。なぜなら，企業をめぐる

経済・社会環境や法的規制が激変しており，適切な経営戦略の策定・実行が企業の生き残りのために必要不可欠な手段となってきているからです。管理会計は経営管理活動を支援するための情報を提供することを目的としていますので，当然ながら，経営環境の変化に応じて管理会計そのものも変化していかなければなりません。経営戦略の策定・実行を支援するのに，従来の意思決定会計や業績管理会計では対応しきれない部分もあるので，さまざまな新しい管理会計の技法が開発され，それらを総称して戦略管理会計という言葉が使われています。現在のところ，戦略管理会計は管理会計の一分野として適切に体系化されている段階にはまだ達していませんが，その内容や手法の開発・構築は今後も，多くの研究者や実務家によって進められていくと予想されます。

3　管理会計と原価計算の関係

　原価計算（cost accounting）は，管理会計と密接に関連しています。原価計算の重要な役割の1つとして，単位当たりの製品原価または1回当たりのサービス原価を計算することがあります。たとえば，コンビニエンス・ストアで248円で販売されているお菓子は，いくらの原価で製造されているでしょうか。1泊10万円もするホテルのスイート・ルームに顧客が1泊すると，どれくらいの原価が生じるのでしょうか。これらを考えるのが原価計算なのです。

　原価計算では，特定の目的のためにどれくらいの資源が消費されたかを（貨幣額で）測定しますので，管理会計にとってはきわめて重要なものです。なぜなら，正確な原価情報を把握できなければ，経営管理活動に関する意思決定を適切に行えないおそれがあるからです。たとえば，経営管理者は，企業に大きな利益をもたらす製品の生産量を増やし，損失をもたらす製品の生産効率を改善したり，あるいは生産を停止するといった決断を迫られる場面に遭遇することがあります。製品の製造原価を正確に計算できなければ，その製品がいったい利益をもたらすのか損失を出すのかがわからないので，最善な意思決定をするのが難しいと考えられます。このように，経営管理者に提供する管理会計情

報として，原価計算に関する情報は極めて重要な役割を果たしています。

4　原価計算と原価

　原価計算は，財務会計にとっても管理会計にとっても重要な役割を果たしています。たとえば，あるメーカーの損益計算書の売上原価や，貸借対照表に記載される製品（資産）の金額を算定するためには，原価計算によって製品1単位当たりの製造原価を求める必要があります。これは財務会計のために行う原価計算です。あるいは，経営管理のために各種の原価を計算することがあります。これは管理会計のために行う原価計算で，第3節で説明したものです。

　「異なる目的には異なる原価を」といわれるように，原価計算で算定される原価には非常に多様なものがあります。そのうち，ここでは特に重要な概念のみを紹介します。

　そもそも原価（cost）とは何でしょうか。皆さんが原価という言葉を目にした際には，まず製造原価あるいは総原価をイメージして下さい（原価は"材料費"に限定されません）。製造原価とは製品の製造のために要した原価であって，材料費，労務費，経費に大別できます。材料費とは製品製造のために"（有形）物"を消費した場合の原価で，労務費は製品製造のために"労働力"を消費した場合の原価で，日常語で人件費といわれるものです。経費は物，労働力"以外の資源"を製品製造のために消費した場合の原価で，たとえば工場で生じる水道光熱費や機械の減価償却費などです（日常語で，経費は人件費も含めた意味で用いられることが多いですから注意して下さい）。製造原価が製品の製造のための原価であるとすれば，製品の販売のための原価を販売費，一般管理のための原価を一般管理費といいます（ここで一般管理とは，経営トップや企画部門・経理部門などが行う製造管理・販売管理以外の管理活動を指します）。製造原価に販売費と一般管理費を加えたものを総原価といいます。

　製造原価はさらに，製品1単位の製造に関して直接的に認識できるか否かという点から，直接費と間接費とに分類されます。この直接費・間接費という分

類と前述の材料費・労務費・経費という分類とを組み合わせれば，製造原価は，直接材料費，間接材料費，直接労務費，間接労務費，直接経費，間接経費に分けることができます。このうち，直接材料費，直接労務費，直接経費を合わせて製造直接費といい，間接材料費，間接労務費，間接経費を合わせて**製造間接費**といいます（これまで説明してきた各種原価概念を整理すると，**図表12-2**のようになります）。

図表12-2　製造原価と総原価

製品の販売価格	営業利益			
	総原価	営業費	販売費	
			一般管理費	
		製造原価	製造直接費	直接材料費
				直接労務費
				直接経費
			製造間接費	間接材料費
				間接労務費
				間接経費

　このなかで特に重要なのは間接費（製造間接費）です。というのも，直接費はその定義から，製品に集計するのは容易ですが，間接費は製品に集計することが難しいからです。難しいからといって，間接費を製品に集計しないですむかといえば，そうはいきません。製品1単位当たりの原価（製造原価）を算定するためには，直接費だけでなく間接費も製品に集計しなければならないからです。では，製品との関係が明確でない間接費をいかにして製品に結びつけるのか。この手続きを**配賦**といい，これこそが原価計算のメインテーマです。

　最後に，原価を定義しておきましょう。原価とは，特定の目的を達成するために消費される資源を貨幣額で測定したものです。1つの製品を製造するためには，労働力や物などの多様な資源が消費されます。それらを貨幣額で測定したものが原価（この場合，製造原価）です。

　原価と似た概念に費用（expense）がありますが，両者は厳密には区別できます。原価は“特定の目的のため”に消費される資源を測定したものであるのに対して，（狭義で）費用は“収益を獲得するために”消費される資源を測定したものであって，この意味では，費用の方が狭い概念です。たとえば，ある製品の製造という目的のために材料を消費すれば，それは材料費という“原価”になりますが，この材料費が“費用”となるのは，当該製品を販売して収益を獲得した時です。販売時に，この材料費は売上原価という“費用”の一構成要素となりますが，販売されるまでは，この材料費は仕掛品あるいは製品という資産の一部を構成します。

本章の復習問題

1　財務会計には法令などによる規制がありますが，なぜ管理会計にはそのような規制がないのかについて説明しなさい。

2　管理会計情報の利用者は誰か，またその利用者にとってはどのような管理会計情報が役立つかについて説明しなさい。

3　原価情報が管理会計にとって重視されるのはなぜかについて説明しなさい。

4　総原価はどのような原価から構成されているのかについて説明しなさい。

第13章

税 務 会 計

本章のポイント

　企業のもうけには法人税を中心とする税金が課されます。税額を決める基準となるもうけを適正に計算する会計を税務会計といい，制度会計の一角を占めるものです。税務会計におけるもうけは，正確には「所得」といい，企業会計上の利益に近い概念ですが，相違点もあります。この相違点に関して損益計算書上で調整を行う企業会計上の手続きを税効果会計といいます。

　キー・ワード：租税法律主義，所得，益金の額，損金の額，確定決算主義，税効果会計，一時差異、永久差異、確定申告書

1　税 金 の 種 類

(1)　税 金 の 概 要

　私たちの身の回りには様々な税金が存在します。例えば，商品を購入した場合には消費税を，働いて一定金額以上の給料を貰った場合には所得税を納めなければなりません。日本国憲法は，「国民は，法律の定めるところにより，納税の義務を負う。」（第30条）としています。もちろん，税金を納めるからには，法律に則った公平な税金の負担が不可欠です。そこで，消費税法や所得税法，法人税法等の税金に関する法律が作られ，これらの法律にしたがって課税が行われることになります。日本国憲法は，「あらたに租税を課し，又は現行の租

税を変更するには，法律又は法律の定める条件によることを必要とする」（第84条）としています。このように，法律にしたがって適正な課税を行うことを租税法律主義といいます。

(2)　税 金 の 分 類

　税金の種類は多く，その分類方法も多様です。そのため，どのような視点に立って税金を分類するかが重要となります。ここでは，主要な分類方法である課税主体の別と課税対象の性質に着目した分類について説明しましょう。

　まず，課税主体が国である税金は国税とよばれ，課税主体が地方である税金は地方税とよばれます。前者には所得税や法人税が，後者には事業税や固定資産税が，それぞれ該当します。

　つぎに，課税対象に基づく分類です。税金を課すにはその対象となるものが存在していなければなりません。例えば，固定資産税は，土地や家屋等の固定資産を所有していることに担税力を見い出すものです。ただ，この種の税金は，固定資産を持つ者に税を課することによって富の再分配を行うという社会制度上の重要な役割が期待されますが，その一方で，財産の侵食を起こしてしまうという問題点があります。そのため，財産の増加にのみ課税する手法が考案されました。すなわち，財産そのものではなく，もうけに対して課税しようということです。この方法であれば，富の増加に課税することになるため，財産の侵食を防ぐことができます。このタイプの税金が，所得税や法人税，住民税です。さらに，課税の基礎となる所得は景気の影響を受けやすいので，景気の良いときには所得が増えることにより納税額も増え，景気の悪いときには所得が減ることにより納税額も減ることになり，自動的に景気調整の役割を持つことになります。

　もうけのことを税金の分野では所得とよびます。企業会計上の利益に近似する概念といえますが，異なる部分があります。個人の所得に対して課される税金が所得税，法人（企業）の所得に対して課される税金が法人税です。これらはいずれも国税です。また，個人や法人の所得に課される地方税もあります。

これは住民税と事業税であり，地方税法に規定されています。

　税務会計は，利益計算を主要目的とする企業会計と密接に関連し，法人税を中心とした領域です。法人税は，企業の一事業年度における所得に対して課される税金です。そして，現実の社会では，ここで説明した他にも多くの税金があり，どれか1つの税金に依存するのではなく，これらの種々の税金をバランスよく用いています。

2　課税所得の基本的考え方

　法人税法上の各事業年度の所得金額（以下「課税所得」といいます。）については，法人税法第22条で以下の計算原理が示されています。

益金の額一損金の額　＝　課税所得

　しかし，これにしたがった財務諸表，すなわち税務貸借対照表および税務損益計算書等の作成を求めているわけではなく，企業会計上の利益である税引前当期純利益（以下「企業利益」といいます。）を基礎とし，これに調整を加えて課税所得を算出します。

（1）　益　金　の　額

　益金の額には，法人税法等において「益金の額に算入する（益金算入）」とか「益金の額に算入しない（益金不算入）」と定められているものを除いて，その事業年度における取引によって生じる下記の収益の額で資本等取引に係るもの以外のもののすべてが含まれます（法人税法第22条第2項）。

① 　資産の販売
② 　有償または無償による資産の譲渡
③ 　有償または無償による役務の提供
④ 　無償による資産の譲受け
⑤ 　その他の取引で資本等取引以外のもの

　実際の「益金の額」は収益の額の総称としての意味であり，利益とは異なり，グロス（総額）の概念です。例えば，資産の販売についてみると，資産の対価として流入する現金または売掛金等の資産の価値が「収益の額」と解され，ほぼ収入金額に等しいものといえます。

(2)　損　金　の　額

　「益金の額」から控除される「損金の額」には，法人税法等において「損金の額に算入する（損金算入）」とか「損金の額に算入しない（損金不算入）」とかを定めているものを除いて，以下に掲げるものが該当します（法人税法第22条第3項）。

> ①　原価の額
> ②　販売費，一般管理費その他の費用の額
> ③　損失の額で資本等取引以外の取引に係るもの

　①の原価の額とは，商品の売上高に対応する売上原価や譲渡した資産の原価等のことであり，収益としたものに対応する原価を計上する「費用収益対応の原則」が重視されています。②の販売費，一般管理費その他の費用の額は，収益と個別対応で計算することが困難な費用，いわゆる「期間費用」とされるものであり，これらの費用については，償却費を除いて，事業年度末までに債務として確定しなければなりません。

　基本的には，企業会計上の売上原価，販売費，一般管理費等の費用および損失の額に相当するものです。

(3)　益金算入，益金不算入，損金算入および損金不算入

　「益金の額」および「損金の額」は「一般に公正妥当な会計処理の基準」に基づいて計算することとしています（法人税法第22条第4項）ので，企業会計における「収益の額」および「売上原価，一般管理費等の額」と基本的には異なりません。しかし，法人税法上，種々の観点から，①企業会計上は収益となる

が法人税法上は益金とならない部分（益金不算入項目），②企業会計上は収益
とならないが法人税法上は益金となる部分（益金算入項目），③企業会計上は
費用とならないが法人税法上は損金となる部分（損金算入項目），④企業会計
上は費用となるが法人税法上は損金とならない部分（損金不算入項目）があり
ます。

益金算入項目	〔例〕法人税額から控除する外国子会社の外国税額
益金不算入項目	〔例〕受取配当等
損金算入項目	〔例〕繰越欠損金
損金不算入項目	〔例〕交際費等

3　企業利益と課税所得の関係

　法人税の課税所得は，当該事業年度の益金の額から損金の額を控除した金額
ですが，実務上，法人の課税所得は企業利益を基礎にして，これに企業会計上
の収益・費用と法人税法上の益金の額・損金の額の相違する部分を調整して，
誘導的に計算します。

　課税所得は，基本的には企業利益に相当するものですが，企業利益がそのま
ま課税所得となることは"まれ"であるといえます。なぜなら，企業利益は投
資家等の保護の観点から，主として企業の財政状態および経営成績を正しく認
識し配当可能の財源を表示すること等を目的として計算されますが，法人税法
上の課税所得は課税の公平や適正な税負担のための調整等を目的とし，さらに
産業政策上の目的が取り入れられているからです。

　そのため，前述したように，企業会計上の収益でも税法上の益金の額となら
ない（益金不算入）ものがあり，費用でも税務上の損金の額とならない（損金
不算入）ものがあります。逆に，企業会計で収益としないものを課税所得の算
定においては益金の額としたり（益金算入），費用でないものを損金の額とす

る（損金算入）ことがあります。

　そこで，法人税の課税所得を算出する場合，企業会計の損益計算書の税引前当期純利益に，企業会計上の収益・費用と税務会計上の益金の額・損金の額の異なる部分を税務調整（企業利益に益金算入項目および損金不算入項目を加算，益金不算入項目および損金算入項目を減算）すれば法人税法上の課税所得になります。ここに企業利益と課税所得の基本的関係をみることができます。

〔設　例〕

　企業会計上の収益が50,000千円，費用が30,000千円であり，税務調整すべき事項として益金算入とすべきものが500千円，益金不算入とすべきものが300千円，損金不算入とすべきものが600千円，損金算入とすべきものが200千円です。この場合の，法人税の課税所得はいくらになるでしょうか。

企業会計	収益 50,000	－	費用 30,000	＝	企業利益	20,000	
					＋益金算入	500	税務調整
	＋益金算入 500		－損金不算入 600		＋損金不算入	600	
	－益金不算入 300		＋損金算入 200		－益金不算入	300	
					－損金算入	200	
税務会計	益金の額 50,200	－	損金の額 29,600	＝	課税所得	20,600	

$$課税所得 = \underset{企業利益}{20,000^{千円}} + \underset{加算}{(500^{千円} + 600^{千円})} - \underset{減算}{(300^{千円} + 200^{千円})}$$

$$= 20,600 \text{千円}$$

4　確定決算主義

　法人税の各事業年度の所得は，企業利益を基礎にして，これに企業会計と法人税法上の益金算入，益金不算入，損金算入および損金不算入による調整を加えて誘導的に計算します。しかし，基礎となる企業利益それ自体が全く法人税

法から離れてよいというわけではありません。法人が確定した決算において所定の経理をして企業利益を計算している場合に限って，課税所得の計算上，これを受け入れるという事項が少なくないからです。

　会計上の取引には，①売上げや仕入れ・経費の支払のように外部的証拠によって確定される取引（いわゆる「外部取引」）と，②減価償却，引当金または準備金のように法人の意思決定によってのみ確定される取引（いわゆる「内部取引」）があります。外部取引は外部的証拠があるから，それによって会計処理が行われますが，内部取引は企業の配当政策等によって影響を受ける場合も少なくなく，課税所得の算定に当たって内部取引等についてどのような基準によって処理をするかという問題が生じます。そこで，法人税法においては法人の最高の意思決定機関である株主総会等によって承認されたところによって最終的に確定した決算を重視しています。

　具体的には，法人税の確定申告書は，確定した決算に基づき，課税所得および税額等を記載した申告書を提出しなければならないとし，減価償却等の内部取引については損金経理（確定した決算において費用または損失として処理すること）や一定の経理をしなければその処理を認めないことにしています。これを「確定決算主義」または「確定決算基準」といいます。

　法人税法が確定決算主義を採用したのは，最高意思決定機関である株主総会等の決定を得た財務諸表を基礎として課税所得を決定することが，法的安定性の見地からもっとも適当であると考えたからです。

5　税効果会計

(1)　税効果会計の必要性

　税効果会計は，いわゆる会計ビッグ・バンの一環として本格導入されたものです。すでに述べたように，法人税は一事業年度の所得に対して課される税金であり，所得は企業会計上の利益を基礎として計算されますが，収益の額と益金の額，費用・原価・損失の額と損金の額には，企業会計と税務会計の考え方

の違いのため，別段の定めによるズレ（差異）が生じることがあります。そして，このズレは，最終的には利益と所得のズレとなります。

　それでは，なぜ，利益と所得にズレが生じることが問題なのでしょうか。企業会計と税務会計における目的観の相違があるならば，このズレは当然に存在するべきものといえます。実際，税務上はこのズレについて，特段の対応をしません。問題が生ずるのは，企業会計の領域においてです。ここで，次の設例を用いて問題点を見ていきましょう。

〔設　例〕

　ある事業年度（t_1期）において，売上高1,000千円，売上原価400千円，貸倒引当金繰入額200千円がありました。売上高と売上原価は，税務上もそれぞれ益金と損金となりますが，貸倒引当金繰入額は法人税法上の要件を満たさないため，損金に算入されないと仮定します。貸倒引当金とは，当期に売り上げた商品の代金を翌期以降に回収する予定でしたが，そのうち一部が相手先の倒産等により回収できないことを予め見積もったものです。仕訳は次のようになります。なお，以下では，千円の表記は省略します。

　　（借）　貸倒引当金繰入額　　200　　（貸）　貸倒引当金　　200

　翌事業年度（t_2期）において，売上高1,000，売上原価400が生じました。さらに，前期（t_1期）に見積もったとおり，貸倒れ200が生じたため，貸倒引当金を取り崩す処理を行いました。法人税法上は，貸倒損失200が生じたことになります。

　法人の所得に対して課される税金として，法人税，住民税，事業税がありますが，これらをまとめて法人税等として表記し，実効税率は30％とします。

　この2事業年度について，税効果会計を適用しない場合の損益計算書を示すと次のようになります。

項　目	t_1 期	t_2 期	合　計
売上高	1,000	1,000	2,000
売上原価	400	400	800
貸倒引当金繰入額	200	0	200
税引前当期純利益	400	600	1,000
法人税等	180	120	300
当期純利益	220	480	700

同じ期間について，税務上の所得金額は次のように計算されます。

項　目	t_1 期	t_2 期	合　計
売上高	1,000	1,000	2,000
売上原価	400	400	800
貸倒損失	0	200	200
所得金額	600	400	1,000
法人税等	180	120	300

　t_1 期の損益計算書を見ると，税引前当期純利益は 400 であるため，法人税等の実効税率 30％ を除いた 70％ 相当額，すなわち 280 が当期利益として残るはずですが，実際には 180 が法人税等となるために 220 しか残らないのです。

　このように，企業会計の立場からみれば，適正な利益計算が法人税の規定によって歪められてしまっています。そのため，正しい財務諸表の開示の観点から，企業会計上のルールに即した利益計算を行う手段として，法人税等を各事業年度に適正に配分することが求められます。そのために，税効果会計が必要となるのです。

(2)　税効果会計の適用
　税効果会計を適用した場合の損益計算書を示すと次のようになります。な

お，税務上の所得金額には影響を及ぼさないことに留意してください。

項　　　目	t₁期	t₂期	合　　計
売上高	1,000	1,000	2,000
売上原価	400	400	800
貸倒引当金繰入額	200	0	200
税引前当期純利益	400	600	1,000
法人税等	180	120	300
法人税等調整額	△60	60	0
調整後法人税等	120	180	300
当期純利益	280	420	700

　税効果会計を適用することによって，t₁期では，税引前の当期純利益400の30％である120が調整後の法人税等として，残り70％である280が当期純利益として示されます。同様にt₂期も，税引前の当期純利益600の30％である180が調整後の法人税等として，残り70％である420が当期純利益として示されます。

　t₁期末の具体的な仕訳は，次のとおりです。

（借）　繰延税金資産　　　60　　　　（貸）　法人税等調整額　　60
　　　（資産のプラス）　　　　　　　　　　　（費用のマイナス）

　実際に納めなければならない法人税等の額は180ですが，企業会計の立場からは120であると考えるわけですから，法人税等という費用を60減らすことになります。そして，この60の差異は当期の費用ではないにもかかわらず支出することになるために，税金の前払いを意味する繰延税金資産として貸借対照表に計上されます。なお，60という金額は，ズレの原因となった貸倒引当金200に実効税率30％を乗じることによって計算できます。

　このタイプの税効果を「将来減算一時差異」といいます。一時差異について

は後述します。将来減算とは，将来において課税所得が減少するということを意味しています。反対に，「将来加算一時差異」という場合もあり，その場合の税効果会計の仕訳は次のとおりです。

　　（借）　法人税等調整額　　×××　　（貸）　繰延税金負債　　×××
　　　　　　（費用のプラス）　　　　　　　　　　　（負債のプラス）

　企業会計上の法人税等の額が，実際に納めなければならない税額よりも多い場合には，法人税等を増やすとともに，その分の法人税等は未払いということになりますから，貸借対照表に繰延税金負債として計上します。

　このように，税効果会計を用いることによって，企業会計上の法人税等の額を各事業年度に適切に配分することができるようになります。

(3)　一時差異と永久差異

　企業会計と税務会計の差異には，大きく分けて一時差異と永久差異があります。一時差異とは，両者間の差異が一時的なものであり，最終的には解消されるものをいいます。一方，永久差異とは，その差異が一時的ではなく，企業が存続する限り永久に解消しないものをいいます。税効果会計の対象となるのは，一時差異であり，永久差異は対象とはなりません。

本章の復習問題

　1　日本国憲法と税金との関わりについて説明しなさい。
　2　所得について説明しなさい。
　3　確定決算主義について説明しなさい。
　4　税効果会計の必要性と目的について説明しなさい。

第14章

企業会計の展開

本章のポイント

　金融商品取引法では，子会社を含めた企業集団を対象とする連結財務諸表の開示が求められています。これには，貸借対照表や損益計算書ばかりでなく，キャッシュ・フロー計算書，株主資本変動等変動計算書，包括利益計算書も含まれます。

　キー・ワード：親会社，子会社，連結貸借対照表，連結損益計算書，のれん，非支配株主持分，現金同等物，キャッシュ・フロー計算書，直接法，間接法，営業活動・投資活動・財務活動によるキャッシュ・フロー，純資産，株主資本，株主資本等変動計算書，（その他の）包括利益，包括利益計算書，リサイクリング，1計算書方式，2計算書方式

1　連結財務諸表

(1)　連結財務諸表の意義

　第6章で述べたように，金融商品取引法会計では，連結財務諸表を作成することが義務付けられています。連結財務諸表は，親会社とその子会社から構成される企業集団を会計単位とします。ここで，親会社とは，株式所有等を通じて他の会社の意思決定機関を支配している会社をいい，子会社は親会社に支配

されている会社をいいます。

　連結財務諸表は，企業集団の経営成績や財政状態に関する情報を提供することを目的とします。上場会社のような大企業は，新規事業に進出するため，または海外進出するために子会社に投資します。そのような企業の収益性は，連結損益計算書を見なければわかりません。また，子会社の中には，損失が累積している会社や多額の負債を抱えている会社があるかもしれません。このような子会社の財務悪化は，連結貸借対照表の数値に反映されます。

　以下では，簡単な例を用いて，連結貸借対照表と連結損益計算書の作成方法を説明します。

（2）　連結貸借対照表

　連結貸借対照表は，親会社及び子会社の個別貸借対照表の金額を基礎とし，次の修正消去を行うことによって作成されます。

　①　子会社の資産および負債の評価
　②　親会社の投資と子会社の資本の相殺消去
　③　親会社と子会社の間の債権・債務の相殺消去

1）　子会社の資産および負債の評価

　いま，諸資産1,500百万円（簿価）および諸負債500百万円（簿価）を有する会社があり，ある会計期間の期首に，この会社の発行済株式の60％を1,000百万円で取得して子会社とした，という例を考えます。

　親会社となったわが社は，新たに子会社の諸資産（および諸負債）を支配することになるので，連結貸借対照表上は，このときの時価で当該資産・負債を計上することになります。たとえば，諸資産の時価が1,700百万円であったとすると，連結上，次のような修正が必要になります（以下，仕訳の金額の単位は百万円です）。

　（借）諸資産　　　200　　　（貸）評価差額　　　200　　　　　……①

2) 親会社の投資と子会社の資本の相殺消去

企業集団において，親会社と子会社の間の出資関係は内部的なものです。そこで，たとえば，子会社の帳簿上の純資産が，資本金 600 百万円，利益剰余金 400 百万円からなるとすると，これと上記の評価差額 200 百万円を合わせた子会社の「資本」と，子会社に対する投資 1,000 百万円は，次のように相殺消去されます。

（借）	資 本 金	600	（貸）	子 会 社 株 式	1,000	……②
	利益剰余金	400		非支配株主持分	480	
	評 価 差 額	200				
	の れ ん	280				

ここで，のれん 280 百万円は，親会社が，子会社株式を取得するにあたり，子会社の「資本」に対する持分 720 百万円（(600 + 400 + 200) × 60%）よりも余計に支払った金額に相当します。連結会計上，この 280 百万円は，子会社の貸借対照表に計上されていない「超過収益力」に対して支払われたとみなし，のれんという無形固定資産として計上されます（のれんは償却する必要がありますが，ここでは省略します。）。

また，非支配株主持分 480 百万円は，子会社の「資本」のうち親会社以外の株主に帰属する部分（600 + 400 + 200）× 40%を表します。連結貸借対照表上，非支配株主持分は，株主資本以外の純資産項目として表示されます。

(3) 連結損益計算書

連結損益計算書は，親会社及び子会社の個別損益計算書の金額を基礎とし，次の修正消去を行うことによって作成されます。

① 親会社と子会社の間の取引高の消去

② 未実現損益の消去

1)　親会社と子会社の間の取引高の消去

　たとえば，会計期間中に，親会社が子会社に対して商品 100 百万円を掛けで販売したとします。このとき，親会社と子会社はそれぞれ次のように仕訳をします。

　　［親会社］（借）売　掛　金　100　　（貸）売　　　　上　　100
　　［子会社］（借）仕　　　入　100　　（貸）買　掛　金　　100

　このような親子会社間での取引は，企業集団での内部取引ですので，個別損益計算書の数値を，次のように相殺消去します。

　　（借）売　上　高　　100　　（貸）売 上 原 価　　100　　　……③
　　　　　　　　　　　　　　　　　（仕入高のマイナス）

2)　未実現損益の消去

　上記の商品がそのまま，期末において子会社の在庫として残っていたとします。親会社が商品を仕入れたときの原価が 80 百万円であるとすると，この在庫には，企業集団としては実現していない利益 20 百万円が含まれていることになります。そこで，個別損益計算書の数値を次のように修正します。

　　（借）売 上 原 価　　20　　（貸）商　　　　品　　20　　　……④
　　　　　　　　　　　　　　　　（期末棚卸高のマイナス）

　いま，一会計期間が経過して，親会社及び子会社それぞれにおいて次のような財務諸表が作成されたとします。

親会社貸借対照表			
諸　資　産	2,000	諸　負　債	1,000
売　掛　金	100	資　本　金	1,200
商　　　品	400	利益剰余金	1,300
子会社株式	1,000		
	3,500		3,500

子会社貸借対照表			
諸　資　産	1,500	諸　負　債	500
商　　　品	200	買　掛　金	100
		資　本　金	600
		利益剰余金	500
	1,700		1,700

<table>
<tr><th colspan="2">親会社損益計算書</th><th colspan="2">子会社損益計算書</th></tr>
<tr><td>売上原価　2,400</td><td>売　上　高　3,000</td><td>売上原価　1,200</td><td>売　上　高　1,500</td></tr>
<tr><td>諸　費　用　　400</td><td></td><td>諸　費　用　　200</td><td></td></tr>
<tr><td>当期純利益　　200</td><td></td><td>当期純利益　　100</td><td></td></tr>
<tr><td>3,000</td><td>3,000</td><td>1,500</td><td>1,500</td></tr>
</table>

ここで，さらに，2つの修正事項を加えます。

① 親子会社間の取引で生じた売掛金（買掛金）100百万円を相殺消去する。

（借）買 掛 金 　100　　（貸）売 掛 金 　100　　……⑤

② 子会社の当期純利益のうち非支配株主に帰属する利益40百万円（100百万円×40％）を非支配株主持分とともに計上する。

（借）非支配株主に帰属　　40　　（貸）非支配株主持分　　40　……⑥
　　　する当期純利益

　連結損益計算書上，非支配株主に帰属する部分と親会社株主に帰属する部分を合わせて当期純利益として表示されます。

　①～⑥の修正事項にもとづいて，連結精算表を通して，連結財務諸表を作成すると，次ページのようになります。

連　結　精　算　表

科目	個別貸借対照表		消去仕訳				連結貸借
	親会社	子会社	借方		貸方		対照表
諸　資　産	2,000	1,500	①	200			3,700
売　掛　金	100				⑤	100	
商　　　品	400	200			④	20	580
子会社株式	1,000				②	1,000	
の　れ　ん			②	280			280
借方合計	3,500	1,700					4,560
諸　負　債	1,000	500					1,500
買　掛　金		100	⑤	100			
資　本　金	1,200	600	②	600			1,200
利益剰余金	1,300	500	②	400			1,340
			④	20			
			⑥	40			
非支配株主持分					②	480	520
					⑥	40	
評　価　差　額			②	200	①	200	
貸方合計	3,500	1,700					4,560

科目	個別損益計算書		消去仕訳				連結損益
	親会社	子会社	借方		貸方		計算書
売　上　高	3,000	1,500	③	100			4,400
貸方合計	3,000	1,500					4,400
売　上　原　価	2,400	1,200	④	20	③	100	3,520
諸　費　用	400	200					600
非支配株主に帰属する当期純利益			⑥	40			40
親会社株主に帰属する当期純利益	200	100			④	20	240
					⑥	40	
借方合計	3,000	1,500					4,400

連結貸借対照表			
諸　資　産	3,700	諸　負　債	1,500
商　　　品	580	資　本　金	1,200
の　れ　ん	280	利益剰余金	1,340
		非支配株主持分	520
	4,560		4,560

連結損益計算書			
売　上　原　価	3,520	売　上　高	4,400
諸　費　用	600		
当期純利益	280		
	4,400		4,400

2 キャッシュ・フロー計算書

　会計期間中に得られた収益合計が費用合計を上回り，純利益が計上されたとしても，仕入はすべて現金で行い，売上はすべて掛で行う場合，売掛金の回収が遅れると，資金繰りに窮し，借入金の返済ができず，黒字倒産することもありえます。企業の短期的支払能力を分析するには，貸借対照表の項目を用いた安全性分析の指標（第9章）が役立ちますが，キャッシュ・フロー計算書も有用です。金融商品取引法の適用対象となる上場会社は，有価証券報告書においてキャッシュ・フロー計算書を開示することが要求されます。以下では，キャッシュ・フロー計算書における資金の範囲，3つの表示区分，営業活動によるキャッシュ・フローの表示方法について説明します。

(1) 資金の範囲

　「連結キャッシュ・フロー計算書等の作成基準」（以下では『基準』という）によると，連結キャッシュ・フロー計算書が対象とする資金の範囲は，現金（手許現金，要求払預金及び特定の電子決済手段）および現金同等物（容易に換金可能であり，かつ，価値の変動リスクが僅少な短期投資）であるとされています（『基準』第二・一）。要求払預金には当座預金，普通預金，通知預金が，現金同等物には，取得日から満期日または償還日までの期間が3か月以内の短期投資である定期預金，譲渡性預金，コマーシャル・ペーパー，売戻し条件付現先，公社債投資信託が含まれます（『基準』注解1・2）。

(2) 表示区分

　連結キャッシュ・フロー計算書には，①「営業活動によるキャッシュ・フロー」，②「投資活動によるキャッシュ・フロー」および③「財務活動によるキャッシュ・フロー」の区分を設けなければなりません（『基準』第二・二・1）。①の区分には，営業損益計算の対象となった取引のほか，投資活動・財務活動

以外の取引によるキャッシュ・フローを記載します。②の区分には，固定資産の取得・売却，現金同等物に含まれない短期投資の取得・売却等によるキャッシュ・フローを記載します。③の区分には，資金の調達・返済によるキャッシュ・フローを記載します。

　法人税等（住民税および利益に関連する金額を課税標準とする事業税を含む。）に係るキャッシュ・フローは，①の区分に記載します（『基準』第二・二・2）。

　利息および配当金に係るキャッシュ・フローは，次のいずれかの方法により記載します（『基準』第二・二・3）。

①　純損益算定に含まれる受取利息，受取配当金及び支払利息を「営業活動によるキャッシュ・フロー」の区分に，純損益算定に含まれない支払配当金を「財務活動によるキャッシュ・フロー」の区分に記載します。

②　投資活動の成果である受取利息および受取配当金を「投資活動によるキャッシュ・フロー」の区分に，資金調達コストである支払利息および支払配当金を「財務活動によるキャッシュ・フロー」の区分に記載します。

(3)　営業活動によるキャッシュ・フローの表示方法

　次のいずれかの方法により「営業活動によるキャッシュ・フロー」を表示しなければなりません（『基準』第三・一）。

①　主要な取引ごとにキャッシュ・フローを総額表示する方法（直接法）

②　税金等調整前当期純利益に非資金損益項目，営業活動に係る資産および負債の増減，「投資活動によるキャッシュ・フロー」および「財務活動によるキャッシュ・フロー」の区分に含まれる損益項目を加減して表示する方法（間接法）

　直接法によると，主要な取引ごとにキャッシュ・フローに関する基礎情報を要し，煩雑なので，実務上は，一般に間接法が用いられています。直接法，間接法いずれによっても営業活動によるキャッシュ・フローは一致します。キャッシュ・フロー計算書は，全体としてキャッシュの流れを 3 つの活動別に要約

し，貸借対照表，損益計算書によっては得られない情報を開示します。

　以下では，第3章と第4章の取引例を一部変更・追加し，直接法および間接法によるキャッシュ・フロー計算書の作成の仕方について説明します。

会 社 設 立

① 　×1年4月1日に現金1,000,000円の出資を受け，大蔵商事株式会社（決算日は3月31日）を設立した。大蔵商事株式会社は個別財務諸表のみを作成する。

期 中 取 引

② 　×1年4月2日に車両運搬具800,000円を購入し，代金は現金で支払った。

③ 　×1年7月30日に成城広告代理店に広告宣伝費として現金50,000円を支払った。

④ 　×1年10月1日に新宿銀行から現金850,000円を借り入れた。返済期日は5年後。

⑤ 　×1年10月8日に三鷹商店からA商品700,000円を仕入れ，代金は掛けとした。

⑥ 　×1年10月15日に原価320,000円のA商品を狛江商店に500,000円で販売し，代金は掛けとした。

⑦ 　×1年10月22日に原価380,000円のA商品を千歳商店に580,000円で販売し，代金は掛けとした。

⑧ 　×1年10月31日に狛江商店に対する売掛金のうち300,000円を現金で回収した。

⑨ 　×1年11月6日に調布商店からB商品800,000円を仕入れ，代金のうち200,000円は現金で支払い，残額は掛けとした。

⑩ 　×1年11月24日に三鷹商店に対する買掛金のうち400,000円を現金で支払った。

⑪ 　×1年11月30日に短期の売買目的で株式100,000円を購入し，代金は現金で支払った。

⑫ 　×1年12月5日に顧客の仲介斡旋によって府中商店から手数料として現金120,000円を受け取った。

⑬ 　×1年12月28日に千歳商店に対する売掛金のうち400,000円を現金で回収した。

⑭ 　×2年1月9日に原価500,000円のB商品を千歳商店に660,000円で販売し，

代金のうち 100,000 円は現金で受け取り，残は掛けとした。

⑮　×2年1月31日に従業員に対して給料 320,000 円を現金で支払った。

決 算 整 理

⑯　×2年3月31日に期末棚卸を行った結果，期末商品棚卸高は 300,000 円であった。なお期首商品棚卸高は 0 円，当期商品仕入高 1,500,000 円である。

⑰　×2年3月31日における売買目的有価証券 100,000 円の時価は 94,000 円であった。

⑱　×2年3月31日の決算に際し，取得原価 800,000 円，耐用年数 5 年，残存価額 80,000 円の営業用自動車について定額法により減価償却費を計上する。

⑲　×2年3月31日の決算に際し，借入日を平成×1年10月1日，利率年 4%，利払日を毎年9月末とする借入金 850,000 円にかかる利息を計上する。

⑳　税引前利益 123,000 円に対し，40%の法人税を計上する。

①（借）現金※　　　　　1,000,000　（貸）資本金　　　　　1,000,000
　　※**財務キャッシュ・フロー**（＋1,000,000）
②（借）車両運搬具　　　　800,000　（貸）現金※　　　　　　800,000
　　　　　　　　　　　　　　　　　　※**投資キャッシュ・フロー**（△800,000）
③（借）広告宣伝費　　　　 50,000　（貸）現金※　　　　　　 50,000
　　　　　　　　　　　　　　　　　　※**営業キャッシュ・フロー**（△50,000）
④（借）現金※　　　　　　850,000　（貸）長期借入金　　　　850,000
　　※**財務キャッシュ・フロー**（＋850,000）
⑤（借）仕入　　　　　　　700,000　（貸）買掛金　　　　　　700,000
⑥（借）売掛金　　　　　　500,000　（貸）売上　　　　　　　500,000
⑦（借）売掛金　　　　　　580,000　（貸）売上　　　　　　　580,000
⑧（借）現金※　　　　　　300,000　（貸）売掛金　　　　　　300,000
　　※**営業キャッシュ・フロー**（＋300,000）
⑨（借）仕入　　　　　　　800,000　（貸）買掛金　　　　　　600,000
　　　　　　　　　　　　　　　　　　　　現金※　　　　　　　200,000
　　　　　　　　　　　　　　　　　　※**営業キャッシュ・フロー**（△200,000）
⑩（借）買掛金　　　　　　400,000　（貸）現金※　　　　　　400,000
　　　　　　　　　　　　　　　　　　※**営業キャッシュ・フロー**（△400,000）

⑪ （借）有価証券 100,000 （貸）現金※ 100,000
※投資キャッシュ・フロー（△100,000）
⑫ （借）現金※ 120,000 （貸）受取手数料 120,000
※営業キャッシュ・フロー（＋120,000）
⑬ （借）現金※ 400,000 （貸）売掛金 400,000
※営業キャッシュ・フロー（＋400,000）
⑭ （借）売掛金 560,000 （貸）売上 660,000
　　　　　現金※ 100,000
※営業キャッシュ・フロー（＋100,000）
⑮ （借）給料 320,000 （貸）現金※ 320,000
※営業キャッシュ・フロー（△320,000）
⑯ （借）繰越商品 300,000 （貸）仕入 300,000
⑰ （借）有価証券評価損 6,000 （貸）有価証券 6,000
⑱ （借）減価償却費 144,000 （貸）減価償却累計額 144,000
⑲ （借）支払利息 17,000 （貸）未払利息 17,000
⑳ （借）法人税等 49,200 （貸）未払法人税等 49,200

※この例では，営業活動によるキャッシュ・フロー合計と投資活動によるキャッシュ・フロー合計がいずれもマイナスであり，それらを財務活動によるキャッシュ・フローで補っています。

貸借対照表

平成 × 2 年 3 月 31 日　　　　　　　　　　（単位：円）

資産の部		負債の部	
流動資産		流動負債	
現金預金	900,000	買掛金	900,000
売掛金	940,000	未払利息	17,000
商品	300,000	未払法人税等	49,200
有価証券	94,000		
固定資産		固定負債	
有形固定資産		長期借入金	850,000
車両運搬具	800,000		
減価償却累計額	△ 144,000	純資産の部	
	656,000	株主資本	
		資本金	1,000,000
無形固定資産	0	資本剰余金	0
		利益剰余金	0
繰延資産	0	利益準備金	0
		任意積立金	0
		繰越利益剰余金	73,800
資産合計	2,890,000	負債・純資産合計	2,890,000

損益計算書　　　　（単位：円）

平成×1年4月1日～平成×2年3月31日

売上高	1,740,000
売上原価	
商品期首たな卸高	0
当期商品仕入高	1,500,000
計	1,500,000
商品期末たな卸高	300,000
商品売上原価	1,200,000
売上総利益	540,000
販売費及び一般管理費	
給料	320,000
広告宣伝費	50,000
減価償却費	144,000
販売費及び一般管理費合計	514,000
営業利益	26,000
営業外収益	
受取手数料	120,000
営業外費用	
支払利息	17,000
有価証券評価損	6,000
営業外費用合計	23,000
経常利益	123,000
特別利益	0
特別損失	0
税引前当期純利益	123,000
法人税等	49,200
当期純利益	73,800

キャッシュ・フロー計算書　　　（単位：円）

平成×1年4月1日〜平成×2年3月31日

［直接法］

営業活動によるキャッシュ・フロー

営業収入（＋）	920,000 注1)
商品の仕入支出（−）	△600,000 注2)
人件費支出（−）	△320,000 注3)
その他営業支出（−）	△50,000 注4)
小計	△50,000
利息支払額（−）	
法人税等の支払額（−）	
営業活動によるキャッシュ・フロー	△50,000

投資活動によるキャッシュ・フロー

固定資産の取得（−）	△800,000
有価証券の取得（−）	△100,000
投資活動によるキャッシュ・フロー	△900,000

財務活動によるキャッシュ・フロー

長期借入金収入（＋）	850,000
株式発行収入（＋）	1,000,000
配当金支払（−）	
財務活動によるキャッシュ・フロー	1,850,000
現金及び現金同等物の増減額	900,000
現金及び現金同等物の期首残高	0
現金及び現金同等物の期末残高	900,000

注1）⑧300,000＋⑫120,000＋⑬400,000＋⑭100,000
注2）⑨200,000＋⑩400,000
注3）⑮320,000
注4）③50,000

キャッシュ・フロー計算書　（単位：円）

平成×1年4月1日～平成×2年3月31日

［間接法］

営業活動によるキャッシュ・フロー	
税引前当期純利益	123,000
減価償却費（＋）	144,000
支払利息（＋）	17,000
有価証券評価損（＋）	6,000
売掛金の増加（－）	△940,000
商品の増加（－）	△300,000
買掛金の増加（＋）	900,000
その他負債の増加（＋）	17,000
小計	△33,000
利息支払額（－）	△17,000
法人税等の支払額（－）	
営業活動によるキャッシュ・フロー	△50,000
投資活動によるキャッシュ・フロー	
固定資産の取得（－）	△800,000
有価証券の取得（－）	△100,000
投資活動によるキャッシュ・フロー	△900,000
財務活動によるキャッシュ・フロー	
長期借入金収入（＋）	850,000
株式発行収入（＋）	1,000,000
配当金支払（－）	
財務活動によるキャッシュ・フロー	1,850,000
現金及び現金同等物の増減額	900,000
現金及び現金同等物の期首残高	0
現金及び現金同等物の期末残高	900,000

3　株主資本等変動計算書

　第8章で述べた貸借対照表の純資産の部について，会社法上，株式会社は所定の手続を経ればいつでも剰余金の配当が可能となり，純資産の部の変動に関する開示制度の導入が望まれるようになりました。そこで，純資産の部を構成する各項目に関して，期首から期末までの変動とその結果を一覧表として示すものが株主資本等変動計算書です。これは第6章で述べたように，会社法会計および金融商品取引法会計において作成が義務づけられています。株主資本等変動計算書は，貸借対照表の純資産の部と同じように，**株主資本，評価・換算差額等，株式引受権，新株予約権**に区分されます。株主資本の各項目は，当期首残高，当期変動額，当期末残高に区分したうえで，当期変動額は新株の発行や剰余金の配当などの変動事由ごとにその金額を表示します。株主資本以外の各項目は，当期首残高，当期変動額，当期末残高に区分したうえで，当期変動額は純額で表示します。株主資本等変動計算書の表示は，純資産の各項目を横に並べる様式と縦に並べる様式とがありますが，基本的には横に並べる様式で作成します。

【設例1】

①　X社における期首貸借対照表における純資産の部は次のとおりである。

　資本金4,000万円　資本準備金800万円　その他資本剰余金200万円

　利益準備金600万円　新築積立金200万円　繰越利益剰余金1,000万円

　自己株式△100万円　その他有価証券評価差額金100万円

　繰延ヘッジ損益200万円　株式引受権100万円　新株予約権400万円

②　当期における純資産の部の各項目の変動額は次のとおりである。

　新株の発行（資本金増加額1,000万円　資本準備金増加額500万円）

　剰余金の配当（繰越利益剰余金の配当500万円　利益準備金積立額50万円）

　当期純利益800万円　簿価40万円の自己株式を40万円で処分

株主資本等変動計算書

(単位：万円)

| | 株主資本 | | | | | | | | | | 評価・換算差額等 | | | 株式引受権 | 新株予約権 | 純資産合計 |
| | 資本金 | 資本剰余金 | | | 利益剰余金 | | | | | 自己株式 | 株主資本合計 | その他有価証券評価差額金 | 繰延ヘッジ損益 | 評価・換算差額等合計 | | | |
		資本準備金	その他資本剰余金	資本剰余金合計	利益準備金	その他利益剰余金 新築積立金	その他利益剰余金 繰越利益剰余金	利益剰余金合計									
当期首残高	4,000	800	200	1,000	600	200	1,000	1,800	△100	6,700	100	200	300	100	400	7,500
当期変動額																
新株の発行	1,000	500		500						1,500						1,500
剰余金の配当					50		△550	△500		△500						△500
当期純利益							800	800		800						800
自己株式の処分									40	40						40
株主資本以外の項目の当期変動額（純額）											10	20	30		50	80
当期変動額合計	1,000	500	－	500	50	－	250	300	40	1,840	10	20	30	－	50	1,920
当期末残高	5,000	1,300	200	1,500	650	200	1,250	2,100	△60	8,540	110	220	330	100	450	9,420

株主資本以外の項目の当期変動額（純額）

その他有価証券評価差額金10万円　繰延ヘッジ損益20万円

新株予約権　50万円

　また第6章で述べたように，子会社を有する上場会社などには会社法会計および金融商品取引法会計において，株式会社は連結株主資本等変動計算書の作成が義務づけられています。これは，連結貸借対照表の純資産の部を構成する各項目に関して，期首から期末までの変動とその結果を一覧表として示すものです。連結株主資本等変動計算書は，連結貸借対照表の純資産の部と同じように，**株主資本，その他の包括利益累計額，株式引受権，新株予約権，非支配株主持分**に区分されます。株主資本の各項目は，当期首残高，当期変動額，当期末残高に区分したうえで，当期変動額は新株の発行や剰余金の配当などの変動事由ごとにその金額を表示します。なお，資本剰余金と利益剰余金については内訳表示が求められていません。株主資本以外の各項目は，当期首残高，当期変動額，当期末残高に区分したうえで，当期変動額は純額で表示します。連結株主資本等変動計算書の表示は，純資産の各項目を横に並べる様式と縦に並べる様式とがありますが，基本的には横に並べる様式で作成します。

【設例2】

① 　Y社における期首連結貸借対照表における純資産の部は次のとおりである。

　資本金10,000万円　資本剰余金8,000万円　利益剰余金6,000万円

　自己株式 Δ2,000万円　その他有価証券評価差額金1,500万円

　繰延ヘッジ損益1,000万円　為替換算調整勘定700万円

　退職給付に係る調整累計額100万円　株式引受権100万円　新株予約権400万円

　非支配株主持分300万円

② 　当期における純資産の部の各項目の変動額は次のとおりである。

　剰余金の配当1,000万円（利益剰余金から）

　親会社株主に帰属する当期純利益（連結ベース）3,000万円

　非支配株主に帰属する当期純利益（連結ベース）100万円

連結株主資本等変動計算書

(単位：万円)

	株主資本					その他の包括利益累計額					株式引受権	新株予約権	非支配株主持分	純資産合計
	資本金	資本剰余金	利益剰余金	自己株式	株主資本合計	その他有価証券評価差額金	繰延ヘッジ損益	為替換算調整勘定	退職給付に係る調整累計額	その他の包括利益累計額合計				
当期首残高	10,000	8,000	6,000	△2,000	22,000	1,500	1,000	700	100	3,300	100	400	300	26,100
当期変動額														
剰余金の配当			△1,000		△1,000									△1,000
親会社株主に帰属する当期純利益			3,000		3,000									3,000
非支配株主に帰属する当期純利益													100	100
当期変動額合計	-	-	2,000	-	2,000	-	-	-	-	-	-	-	100	2,100
当期末残高	10,000	8,000	8,000	△2,000	24,000	1,500	1,000	700	100	3,300	100	400	400	28,200

4　包括利益計算書

「包括利益」は，第 7 章で学習した損益計算書の最終値である当期純利益に，長期的な利殖目的で保有している株式あるいは持合株式など（「その他有価証券」として分類されます）を時価評価した場合に生ずる評価損益など（「評価差額」といいます）を加減算して算定されます。この評価差額は，即時に売却するような有価証券（売買目的有価証券）の評価損益とは異なります。長期的な保有が前提となるその他有価証券の評価差額は，現時点では評価益であっても，時価の変動により，数ヶ月後あるいは数年後には，評価損になる可能性や評価益がさらに増える可能性があります。このような評価差額は，実際に売却するまでの期間が長く，かつ時価の変動が必然的であるため，未実現の損益です（実現については第 7 章を参照してください）。

　つまり，その他有価証券は，投資意思決定に有用な会計情報を提供する目的で，時価評価されますが，評価差額は未実現の損益であるため，分配可能な期間利益である当期純利益に含め，配当することには問題があります。この問題を回避するため，その他有価証券の評価差額は，個別財務諸表では，当期純利益に含めず，純資産の部に直接計上します（これを純資産直入法といい，個別財務諸表では，第 8 章で学習したとおり「評価・換算差額等」に計上します）。

　しかし，IFRS（国際財務報告基準）やアメリカの会計基準では，評価差額を純資産に直入することなく，いったん当期純利益を算定した後に，評価差額を加減算し，包括利益を算定します。また，会計上の考え方として，資本取引を除いた期末と期首の純資産の差額が利益の増減額のみから構成され，それ以外の原因による増減額は含めるべきではないという「クリーンサープラス（曇りあるいは濁りのない清潔な利益剰余金という意味）」が重視されます。そこで，連結損益計算書では，当期純利益をいったん算定した後，これに続けて，当期に発生した上述の未実現損益（「その他の包括利益」といいます）を加減算して，包括利益を算定します。連結貸借対照表では，繰越利益剰余金とは区

別して，その他の包括利益累計額を表示します。

(1) 包括利益の計算方法とリサイクリング

包括利益は，フロー面とストック面から，それぞれ計算することができます。

1) フロー面からの計算

フロー面から，包括利益は，収益から費用を差し引き算定される当期純利益に，その他の包括利益を加減算して算定します。この考え方は，損益法による利益計算の考え方に基づいています。損益計算書の収益や費用として計上し，当期純利益に含めるか，あるいはその他の包括利益に計上し，包括利益に含めるかの指標としては，最近では，実現主義に代えて「投資のリスクからの解放」という考え方が用いられます。投資のリスクからの解放とは，投資の成果や犠牲となる収益や費用に不確実性がなくなり，事実となったことを意味します。したがって，投資のリスクから解放された収益や費用は当期純利益に含め，リスクから解放されないものはその他の包括利益に含めます。

2) ストック面からの計算

ストック面から，包括利益は，1会計期間の純資産の変動額から，株主，子会社の非支配株主や新株予約権の所有者との直接的な取引による変動額を差し引いて算定します。ストック面からの計算は，純資産の変動額のうち，会社の所有者あるいは将来所有者になる可能性のある者との取引とされる資本取引をのぞいて計算するという財産法による利益計算の考え方に基づいています。

3) 組替調整（リサイクリング）

その他の包括利益が投資のリスクから解放された場合，包括利益の金額自体は変化することはありません。しかし，その他の包括利益は，分配可能な期間利益としての当期純利益に含められる性質へと変化します。この場合，その他の包括利益を減少（あるいは増加）させ，当期純利益を増加（あるいは減少）させる「組替調整」という処理が必要となります。

(2)　その他の包括利益の内容

主要なその他の包括利益の項目として，以下の４つがあります。

① **その他有価証券評価差額金**：これは，その他有価証券を時価評価した場合に生ずる評価差額です。

② **繰延ヘッジ損益**：これは，リスクヘッジ目的でデリバティブ取引を利用し，ヘッジ会計を適用した場合に生ずる特有の項目です。

③ **為替換算調整勘定**：これは，海外にある子会社（在外子会社といいます）で，外国通貨を用いて作成された財務諸表を本邦の通貨に換算し，連結財務諸表を作成する場合に生ずる換算差額です。

④ **退職給付に係る調整額**：これは，退職給付債務や年金資産に対する見積と実績の変更により生ずる数理計算上の差異や退職給付水準の改訂等により生ずる過去勤務費用のうち，費用処理されず，個別財務諸表では，オフバランス（貸借対照表に計上されない）となっているものです。

(3)　包括利益計算書の形式

包括利益を表示する計算書の形式には，「1計算書方式」と「2計算書方式」があります。企業は，いずれかの方法を選択することができます。

① 1計算書方式は，当期純利益と包括利益を1つの「損益及び包括利益計算書」に表示する方法です。1計算書方式は，企業業績の成果のすべてである包括利益を明らかにするメリットがありますが，当期純利益よりも包括利益が強調されすぎるデメリットがあります。

② 2計算書方式は，当期純利益を「損益計算書」に，包括利益を「包括利益計算書」に表示し，2つの計算書をもって包括利益を表示する方法です。2計算書方式は，当期純利益が明瞭に示され，それに加えて，包括利益を示すことから，ステークホルダーに対して，追加的な情報が開示されるメリットがあります。ただし，IFRSは，将来的には1計算書方式に限定することを主張しており，それが実現した場合は，コンバージェンスに反するデメリットがあります。

包括利益の表示形式

〔1計算書方式〕

損益及び包括利益計算書

諸　収　益	×××
諸　費　用	×××
当期純利益	×××
その他の包括利益	
その他有価証券評価差額金	××
繰延ヘッジ損益	××
為替換算調整勘定	××
その他の包括利益合計	××
包括利益	×××

〔2計算書方式〕

損益計算書

諸　収　益	×××
諸　費　用	×××
当期純利益	×××

包括利益計算書

当期純利益	×××
その他の包括利益	
その他有価証券評価差額金	××
繰延ヘッジ損益	××
為替換算調整勘定	××
その他の包括利益合計	××
包括利益	×××

(4)　包括利益計算書作成の具体例

　包括利益の表示は，連結財務諸表で行われますが，ここでは，計算の便宜性を考慮し，個別財務諸表を前提として，包括利益計算書作成の具体例をみていきます。

① ×1年度のその他有価証券に関する決算整理前の損益計算書と貸借対照表は，【資料1】のとおりです。【資料2】は，×1年度末におけるその他有価証券（A社株式とB社株式）の取得原価と時価です。

【資料1】 ×1年度の損益計算書と貸借対照表

損益計算書

諸収益	9,450,000
諸費用	5,450,000
当期純利益	4,000,000

貸借対照表

資産		負債	
諸資産	20,000,000	諸負債	8,875,000
その他有価証券	2,875,000	純資産	
		資本金	10,000,000
		繰越利益剰余金	4,000,000
資産合計	22,875,000	負債・純資産合計	22,875,000

【資料2】 ×1年度末のその他有価証券に関する資料

	取得原価	時価
A社株式（1,000株を保有）	@1,000	@1,300
B社株式（750株を保有）	@2,500	@2,400

②　×1年度末におけるその他有価証券の決算整理仕訳

A社株式：（借）その他有価証券 300,000　（貸）その他の包括利益 300,000
（その他有価証券評価差額金）

B社株式：（借）その他の包括利益　75,000　（貸）その他有価証券　　75,000
（その他有価証券評価差額金）

③　決算整理後，×1年度の損益及び包括利益計算書と貸借対照表

損益及び包括利益計算書

諸収益	9,450,000
諸費用	5,450,000
当期純利益	4,000,000
その他の包括利益	
その他有価証券評価差額金	225,000
包括利益	4,225,000

貸借対照表

資産		負債	
諸資産	20,000,000	諸負債	8,875,000
その他有価証券	3,100,000	純資産	
		資本金	10,000,000
		繰越利益剰余金	4,000,000
		その他の包括利益累計額	225,000
資産合計	23,100,000	負債・純資産合計	23,100,000

④ ×2年度において，A社株式のすべてを@1,400で売却し，代金は現金で受け取った（ここでは，その他の包括利益が連結財務諸表上での表示のため，その他有価証券の期首における再振替仕訳を行っていません）。

(借) 現　　　　金 1,400,000　　　(貸) その他有価証券 1,300,000
　　　　　　　　　　　　　　　　　　　　　その他有価証券売却益　100,000

⑤ ×2年度のその他有価証券に関する決算整理前の損益計算書と貸借対照表は，【資料3】のとおりです。【資料4】は，×2年度末におけるその他有価証券（B社株式）の取得原価と時価です。

【資料3】×2年度の損益計算書と貸借対照表

損益計算書

諸収益	13,500,000
その他有価証券売却益	100,000
諸費用	7,600,000
当期純利益	6,000,000

貸借対照表

資産		負債	
諸資産	24,000,000	諸負債	5,575,000
その他有価証券	1,800,000	純資産	
		資本金	10,000,000
		繰越利益剰余金	10,000,000
		その他の包括利益累計額	225,000
資産合計	25,800,000	負債・純資産合計	25,800,000

【資料4】×2年度末のその他有価証券に関する資料

	取得原価	×1年度時価	×2年度時価
B社株式（750株を保有）	@2,500	@2,400	@3,000

⑥ 売却したA社株式の，×1年度末に認識した評価差額に関する組替調整

(借) その他の包括利益 300,000　　　(貸) その他有価証券売却益 300,000
　　 (その他有価証券評価差額金)

⑦ ×2年度末におけるB社株式の決算整理仕訳

(借) その他有価証券 450,000　　　(貸) その他の包括利益　　450,000
　　　　　　　　　　　　　　　　　　 (その他有価証券評価差額金)

⑧　組替調整と決算整理後，×2年度の損益及び包括利益計算書と貸借対照表

損益及び包括利益計算書

諸収益	13,500,000
その他 有価証券売却益	400,000
諸費用	7,600,000
当期純利益	6,300,000
その他の包括利益	
その他 有価証券評価差額金	450,000
包括利益	6,750,000

貸借対照表

資産		負債	
諸資産	24,000,000	諸負債	5,575,000
その他有価証券	2,250,000	純資産	
		資本金	10,000,000
		繰越利益剰余金	10,300,000
		その他の 包括利益累計額	375,000
資産合計	26,250,000	負債・ 純資産合計	26,250,000

本章の復習問題

1　連結財務諸表の目的について述べなさい。

2　連結貸借対照表および連結損益計算書の作成のポイントについて述べなさい。

3　キャッシュ・フロー計算書が基本財務諸表の1つとされている理由を述べなさい。

4　キャッシュ・フロー計算書の計算区分を3つあげ，それぞれについて説明しなさい。

5　受取利息，受取配当金，支払利息，支払配当金をキャッシュ・フロー計算書のどの区分に表示すべきか述べなさい。

6　株主資本等変動計算書の目的について述べなさい。

7　株主資本等変動計算書の区分について述べなさい。

8.　当期純利益と包括利益について，比較して説明しなさい。

9.　包括利益を表示する1計算書方式と2計算書方式について，比較して説明しなさい。

第 15 章

会計専門職のすすめ
－公認会計士・税理士の業務と試験制度－

本章のポイント

　前章までに学習した会計学（簿記論，財務会計論，原価計算・管理会計論）の知識を活かした職業として公認会計士と税理士があります。いずれも会計のプロフェッショナルとして重要な社会的使命を担っており，国家試験に合格しなければなりません。本章では，公認会計士と税理士のそれぞれの業務と試験制度について学習します。

キー・ワード：監査業務，法定監査，任意監査，コンサルティング業務，税務業務，会計参与，公認会計士・税理士試験制度

1　公認会計士の業務

(1)　監 査 業 務

　監査業務は，公認会計士（certified public accountant；**CPA**）にのみ認められた業務であり，公認会計士は，企業の財務諸表が「一般に公正妥当な企業会計の基準」にしたがって適正に作成されて，虚偽の記載がないかどうかを，財務諸表の利用者である一般投資家や債権者に代わって確かめ，意見の表明を行うことによって，企業の公表する財務諸表に社会的信用を付与し，一般投資家や債権者の判断を誤らせないようにする重要な役割を担っています。

　このような監査には，法律に基づく監査（法定監査）とその以外の監査（任

意監査）があります。前者には，金融商品取引法に基づく監査や会社法に基づく監査などがあり，後者には，医療法人・宗教法人・協同組合・公益法人・公共企業体等の監査，合併・営業譲渡・企業買収等に関する監査などがあります（法定監査については第12章を参照してください）。

（2）　コンサルティング業務

公認会計士はその幅広い専門的知識を活かして監査業務以外の様々なコンサルティング・サービスを行っています。

1）　会計全般についての調査・立案・指導

例えば，財務諸表の調製，会計制度および原価計算制度，不正や誤謬を防止するための管理システム（内部統制），資金管理・在庫管理・固定資産管理などの管理会計の立案，指導，助言などを行います。

2）　経営コンサルティング

例えば，相談業務（会社の経営戦略・長期経営計画に関するトップ・マネジメント・コンサルティング），実行支援業務（情報システム・生産管理システム等の開発と導入），組織再編・企業再生計画などに関する指導，株価・知的財産等の評価業務などを行います。

3）　情報システム業務

例えば，情報システムの開発・保守および導入等の支援，システム監査・システムリスク監査（システムおよび内部統制の信頼性・安全性・効率性等の評価・検証），システム・コンサルティング（情報システムの開発・保守，導入，運用，リスク管理等に関するコンサルティング），Trust サービス（WebTrust, SysTrust の原則および基準に基づく検証・助言）などを行います。

（3）　税　務　業　務

公認会計士は，税理士となる資格を有し，税理士登録をすることによって税務業務を行うことができます（税務業務については「3 税理士の業務」を参照してください）。

2 公認会計士試験の概要

　公認会計士試験は，公認会計士となろうとする者（受験資格は問われない）に必要な学識およびその応用能力を有するかどうかを判定することを目的として，短答式（マークシート方式）および論文式による筆記の方法により行います。

　短答式試験（年2回，5月と12月）は，財務会計論，管理会計論，監査論および企業法について行い，**論文式試験**（年1回，8月）は，短答式試験に合格した者および短答式試験を免除された者について，会計学，監査論，企業法，租税法および選択科目（経営学，経済学，民法，統計学のうち受験者があらかじめ選択する1科目）について行います。

　なお，税理士試験の試験科目のうち簿記論および財務諸表論の2科目の合格者は，短答式試験科目の財務会計論が免除されます。また会計専門職大学院（アカウンティング・スクール）の修了者は，企業法を除く短答式試験3科目（財務会計論，管理会計論，監査論）が免除されます（短答式試験ならびに論文式試験の詳細な免除制度については公認会計士法第9条および第10条を参照してください）。

　公認会計士試験の合格者は，2年以上の業務補助（合格の前後は問いません）と実務補修による必要単位を修得の上，日本公認会計士協会の修了考査に合格し，内閣総理大臣の確認を受け，日本公認会計士協会の公認会計士名簿に登録しなければなりません（**図表15-1**参照）。

　ところで，平成18年度より実施されることになった新公認会計士試験制度の大きな特徴は，短答式試験合格者ならびに論文式試験の科目合格者について，2年間の有効期間が設けられた点にあります。したがって，このような免除制度を積み重ねることによって，合格への門戸が広められ，従来よりチャレンジしやすくなったといえましょう（**図表15-2**参照）。

図表 15-1　公認会計士試験制度

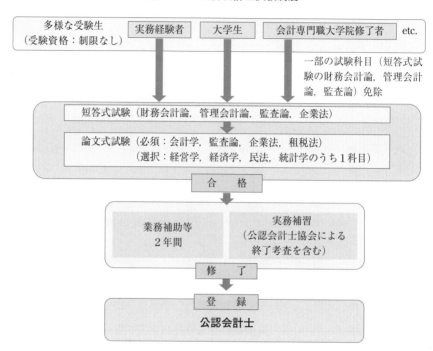

図表 15-2　公認会計士試験合格までの具体例

試験科目		平成×1年	平成×2年	平成×3年	平成×4年
短答式試験		合　格	免　除	免　除	合　格
論文式試験	会計学	科目合格	免　除	免　除	合
	監査論	不	科目合格	免　除	免　除
	企業法	合		科目合格	格
	租税法	格	格	格	免　除
	選択科目				
備　考		短答式：合格（以後2年間は申請により免除）論文式：受験科目全体では不合格。会計学について科目合格（以後2年間は申請により免除）	短答式：免除論文式：会計学を除く4科目を受験，受験科目全体では不合格。監査論について科目合格（以後2年間は申請により免除）	短答式：免除論文式：会計学及び監査論を除く3科目を受験，受験科目全体では不合格。企業法について科目合格（以後2年間は申請により免除）	短答式：合格論文式：監査論及び企業法を除く3科目を受験，受験科目全体で合格⇒論文式合格

(注) 当該年度の論文式試験において，論文式試験全体では合格していないが，試験科目のうちの一部の科目について公認会計士・監査審査会が相当と認める成績を得た科目については「科目合格」と表記

(出典：http://www.fsa.go.jp/cpaaob/kouninkaikeishi-shiken/qanda/data/05.pdf を一部修正)

3　税理士の業務

　税理士（licensed tax accountant）は，税務に関する専門家として，独立した公正な立場において，申告納税制度の理念にそって，納税義務者の信頼にこたえ，租税に関する法令に規定された納税義務の適正な実現を図ることを使命としています（税理士法第1条）。その主な業務は以下のとおりです（同第2条）。

1）税　務　代　理

　税務官公署（国税不服審判所を含む）に対する租税に関する法令や行政不服審査法の規定に基づく申告，申請，請求，不服申立て等について，その調査や処分，陳述について代理または代行します。

2）税務書類の作成

　税務官公署に対する申告書，申請書，請求書，不服申立書等を作成します。

3）税　務　相　談

　税務官公署に対する申告や主張，陳述，申告書等の作成に関し，租税の課税標準等の計算に関する事項について相談に応じます。

4）会　計　業　務

　税理士業務に付随して，財務書類の作成，会計帳簿の記帳の代行その他財務に関する事務を行います。

5）租税に関する訴訟の補佐人

　租税に関する訴訟において訴訟代理人（弁護士）とともに出頭・陳述し，納税者の支援を行います。

6）会　計　参　与

　会計参与とは，株主総会により選任され，会計に関する専門的識見を有する者として，取締役・執行役と共同して計算書類等を作成するとともに，その作成に関する事項について取締役・執行役と意見を異にする場合や彼らの職務執行に不正な行為や法令・定款への重大な違反を発見したときは，株主・監査役に対して報告することなどをその職務とする株式会社の新たな機関をいいま

す。会計参与には，公認会計士（監査法人を含みます。）または税理士（税理士法人を含みます。）しかなれません（会計参与については「第5章　株式会社のしくみ」を参照してください）。

4　税理士試験の概要

　税理士試験は，税理士となるのに必要な学識およびその応用能力を有するかどうかを判定することを目的として行われます。税理士試験は受験資格が必要であり，その主なものは以下のとおりです（税理士法第5条）。

（イ）　大学または短大を卒業した者

（ロ）　大学3年以上の学生

（ハ）　専修学校の専門課程を修了した者等で，これらの専修学校等において法律学または経済学に関する科目を1科目以上履修した者

（ニ）　日本商工会議所主催簿記検定試験1級合格者

（ホ）　社団法人全国経理教育協会主催簿記能力検定上級合格者

（ヘ）　法人等の会計に関する事務または，税理士等の業務の補助の事務に3年以上従事した者

　税理士試験は，会計学に属する科目（簿記論および財務諸表論）の2科目と税法に属する科目（所得税法，法人税法，相続税法，消費税法または酒税法，国税徴収法，住民税または事業税，固定資産税）のうち受験者の選択する3科目（所得税法または法人税法のいずれか1科目は必ず選択しなければなりません。所得税法と法人税法の両方を受験することもできます。）について行われます。

　また，税理士試験は科目合格制をとっており，受験者は一度に5科目を受験する必要はなく，1科目ずつ受験してもよいことになっています。各科目ともに満点の60%の成績を修めると合格となります。

　合格科目が会計学に属する科目2科目および税法に属する科目3科目の合計5科目に達したとき合格者となります。なお，合格者は日本税理士会連合会に

備える税理士名簿に登録して税理士となりますが，その際，会計に関する事務
（貸借対照表勘定および損益計算書を設けて経理する事務）などに従事した期
間が通算して 2 年以上あることを必要とします（**図表 15-3 参照**）。

図表 15-3　税理士試験制度

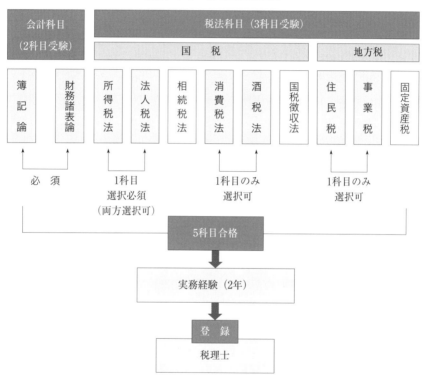

5　公認会計士・税理士試験の勉強方法

　以上のように，公認会計士と税理士の試験制度や試験科目はそれぞれの専門
業務を反映して相違していますが，勉強方法には共通している点もいくつかあ
ります。その 1 つは両試験制度ともに簿記論と財務諸表論（財務会計論）につ

いては必ず学習しなければならないということです。特にこの両科目は会計の根幹をなす基本科目であり，この両科目の理解度の良否が，公認会計士あるいは税理士になれるか否かに直結するといっても過言ではありません。また，公認会計士を目指す人にとっては，この2科目を税理士試験レベルまで学習しておくこと（科目合格）によって，公認会計士試験における短答式試験の財務会計論が免除されますので，受験の際に大きなメリットにもなります。

　この簿記論と財務諸表論の実力を養う効果的な方法として，日本商工会議所が主催する簿記検定試験や全国経理教育協会が主催する簿記能力検定試験を勧めます。検定試験は，初歩（3級）から高度な専門知識（1級または上級）にいたるまで，それぞれの段階に応じた知識が身につくように検定内容が工夫されていますので，体系的で効率的な勉強に役立ちます。したがって，公認会計士や税理士を目指す人は，簿記検定からスタートすることが合格への第一歩といえましょう。

［本章の復習問題］

1　公認会計士の業務について説明しなさい。
2　税理士の業務ついて説明しなさい。
3　公認会計士と税理士の試験制度の相違について説明しなさい。

索　　引

執筆者紹介（執筆順）

五十嵐邦正	日本大学名誉教授
壹岐　芳弘	日本大学商学部特任教授
濱本　　明	日本大学商学部教授
田村八十一	日本大学商学部教授
村井　秀樹	日本大学商学部教授
堀江　正之	日本大学商学部教授
新江　　孝	日本大学商学部教授
劉　　慕和	日本大学商学部教授
藤井　　誠	日本大学商学部教授
平野　嘉秋	日本大学商学部特任教授
村田　英治	日本大学商学部教授
林　　健治	日本大学商学部教授
青木　　隆	日本大学商学部専任講師
吉田　武史	日本大学商学部教授
高橋　史安	日本大学商学部特任教授

はじめての会計学（かいけいがく）（第7版）

2007年4月16日	初　版第1刷発行	2016年3月15日	第5版第1刷発行
2009年2月25日	第2版第1刷発行	2019年3月5日	第6版第1刷発行
2012年2月25日	第3版第1刷発行	2022年3月12日	第7版第1刷発行
2014年2月25日	第4版第1刷発行	2024年3月25日	第7版第3刷発行

編　者　ⓒ　日本大学
　　　　　　会計学研究室

発行者　　菅田直文

発行所　有限会社　森山書店　〒101-0048　東京都千代田区神田司町
　　　　　　　　　　　　　　　2-17　上田司町ビル
TEL 03-3293-7061　FAX 03-3293-7063　振替口座 00180-9-32919

落丁・乱丁本はお取りかえします　　印刷／三美印刷・製本／積信堂

ISBN 978-4-8394-2192-2